나는 시니어 **임순덕**

향래家 일기

나는 시니어 **임순덕**

향래家 일기

펴낸날 2023년 5월 1일 발행

지은이 임순덕
펴낸이 정창득
기획 문학창작집단 바띠
편집 전현서, 이종숙

디자인 달사람스튜디오 E. moonmanstudio@naver.com

펴낸곳 도서출판 얘기꾼 [제300-2013-124호] (2013.10.28)
　　　　E. batistaff@naver.com　T. 070.8880.8202　F. 0505.361.9565

ISBN 979-11-88487-15-8　03810

나는 시니어 **임순덕**

향래家 일기

임순덕 지음

작가의 말

내 손으로 글을 써 책을 낼 수 있다는 것은 큰 기쁨입니다. 저는 막연하게나마 내 나이 일흔에는 책을 한 권 내고 싶다는 꿈을 갖고 살았습니다. 그런데 놀랍게도 일흔이 되는 해에 벌써 두 번째 책을 내게 되었습니다. 마음은 항상 아이처럼 살고 있는데, 어느덧 70이 되었습니다. 우리나라도 올해 6월부터는 태어난 달을 기준으로 나이를 계산한다고 하니, 새로운 나이 계산법으로 하면 저는 아직 육십 대입니다. 하지만 숫자는 숫자일 뿐 69세가 되었든 70세가 되었든 제가 오랫동안 꿈꿔온 것을 이루었다는 점에서 굉장히 뿌듯합니다.

이 책은 저의 네이버 블로그 '일상을 명상처럼'에서 두 꼭지도 아닌 한 꼭지씩, 밥 먹듯이 날마다 쓴 글 가운데 간단명료한 내용만 간추려 정리한 것입니다. 저의 소소한 일상을 가감 없이 기록했기에 세련되거나 교양이 넘치지도 않고 다소 밋밋하기까지 합니다. 그런 점에서 제 글을 읽을 분들께 죄송한 마음을 전하는 동시에 책을 읽은 분들이 '아, 임순덕이라는 사람이 이렇게 살아가는구나.' 하고 빙그레 웃음 지어주시기를 바라는 마음입니다. 또한 두서없이 쓴 저의 글이 읽는 누군가의 마음을 아프게 하지 않기를 바랍니다.

    3년여의 코로나19 팬데믹을 겪는 동안 저는 180도 생각이 전환되는 경험을 했습니다. 마음만 먹으면 무엇이든 할 수 있다는 긍정적인 마음과, 도전을 두려워하지 않고 오늘을 기쁘게 살아가며 마음먹은 것을 실천할 수 있는 용기도 얻었습니다. 덕분에 항상 감사하는 마음으로 주변 분들께 머리 숙여 겸허함을 표하고 싶습니다. 요즘 저는 생을 마감할 때 웃음 지으며 갈 수 있다면 얼마나 좋을까, 라는 생각을 합니다. 제게 있어 남은 생은 하루하루를 덤으로 살아가는 감사한 날이라고 생각하며 기도로 시작합니다. 모든 분의 앞날에 사랑과 행복이 가득하시기를 두 손 모아 기원합니다.

이천이십삼년 사월
불일화 임순덕 두 손 모음

차례

1부_ 명상하는 요일

명상하는 요일_15 / 이럴 때 생각이 난다_18 / 때아닌 겨울 선물을 가득 안고 왔다_21 / 밝음은 좋다_23 / 봄이 오는 소리_27 / 귀요미 닥종이 인형_29 / 초록색을 좋아하는 사람이 궁금했다 _32 / 어머님, 저 가는 데로 가시지요_36 / 개근상이 없어졌다고?_39 / 대한(大寒)에 가슴이 철렁했다_43 / 님의 흔적_46 / 한 수행자의 모습이 귀감이 된다_48 / 하루를 겸허하게 맞이했다_51 / 구월의 첫 번째 목요일_55 / 마당에 천사나팔꽃이 무리 지어 피었다_59 / 지금, 여기 이 순간, 나를 토닥인다_60 / 셀프 부양을 계획하시나요?_62 / 합창 워크숍에 동참한 날_65 / 다양한 세상살이_67 / 시절 인연_70 / 존경과 감사의 날_73 / 나의 취미는 글쓰기_77 / 인생은 놀이터다_81

2부_ 하루라는 시간이 소중하다

하루라는 시간이 소중하다_89 / 블로그란 현대문명에 감사한다_93 / 24절기 중 네 번째, 춘분_96 / 기다려지는 금요일_99 / 인정받는 시니어 모임이 있다_101 / 목련이 만발한 봄_104 / 봄이 오는 길목, 이런 날도 있다_107 / 비타민 D가 풍부한 것 무엇일까요_109 / 묘하고 묘한 사이, 모자(母子) 사이 1_111 / 묘하고 묘한 사이, 모자(母子) 사이 2_115 / 3년 만에 개방된 윤중로 벚꽃길_117 / 영화 '퍼펙트케어'를 본 후 기분이 좀 그렇다_119 / 뒷모습이 아름다운 사람들 누구일까요_122 / 미래의 꿈나무들, 화상 공개 수업을 보았다_125 / 천진한 웃음은 기쁨이다_128 / 연초록의 계절, 모두가 아름답다_130 / 재가 여성불자의 아름다운 동행_132 / 오늘은 기쁜 날_134 / 산에 핀 예쁜 꽃_136 / 기록한다는 기쁨_138 / 오월은 행복한 달_141 / 백 주년 어린이날_143 / 하늘 아래 아름다운 순간_146 / 감사패를 받았다_148 / 하늘 아래 우리는 시 낭송을 들었다_151 / 삶은 꿈 꾸는 자의 몫_155

차례

3부_ 행복은 쓰는 것이다

『그냥 살자』의 저자, 신영철 박사_165 / 내가 뭐라고… 겸손해진다_169 / 삼 분기 수업 첫날_171 / 수선집_174 / 야간 콘서트_176 / 반세기 전 길을 걷는다_178 / 비가 오는 아침 출근길에 활짝 웃는다_180 / 나에게 글이란 오늘을 사는 것이다_183 / 이웃_186 / 청와대 구경_189 / 그대의 이야기, 있는 그대로 들어 주었다_191 / 즐거운 시간이 예상된다_195 / 백합_199 / 오래된 식탁보_200 / 행복은 쓰는 것이다_203 / 양성평등 가족명상_209 / 누구나 좋은 사람을 원한다_212 / 꽃과 벌을 보는 기쁨_215 / 나비가 된 날_219 / 숨_221 / 농부를 울린 멧돼지_223 / 부드럽게 말하면 얼마나 좋을까_226 / 호캉스를 아시나요?_229

4부_ 지금, 소중한 이 순간

예쁜 꽃들이 올라오는 참 감사한 날이다_237 / 말을 물가에 데리고 갈 수는 있지만 마시게 할 수는 없다_239 / 지금, 소중한 이 순간_242

마음 심(心)이다_245 / 사진은 말한다_247 / 관심이 사랑이라면 하고 싶다_249 / 밝은 목소리가 반갑다_255 / 향로를 찾아 고마운 아들_258 / 인간관계도 유효기간이 있다_262 / 내 생일_266 / 유튜브를 공개한 날_270 / 종로구 송현 잔디광장을 아시나요_272 / 무엇을 행하든 기쁜 날로 맞이한다_274 / 친구에게 받은 선물_277 / 감사하며 살아야 할 일이 얼마나 많은가!_279 / 이 순간에도 수많은 별이 뜨고 진다_282 / 생활 참선 명상 지도사 10월 공부를 했다_286 / 만남의 시간이 앞으로 다섯 번이나 될까?_290 / 한 장의 엽서로 맺은 인연_293 / 만나면서 정이 든다_295 / 관심이 고맙다_298 / 손녀의 글_302 / 가파도 나들이_305

5부_ 남걀 사원에서 달라이라마를 친견하다

남걀 사원에서 달라이라마를 친견하다_313 / 영축산에서_319 / 첫 법문지, 녹야원_322 / 혜총 큰스님_326 / 인도 순례 마지막 날_330 / 인도의 기차 여행_332 / 두 손을 모으고_335

바라나시로 이동하여 새벽의 갠지스강가를 걸었다.
갠지스강물은 유유히 흐른다. 우리는 새벽안개
자욱한 강가를 걷고 배를 타고,
연꽃을 띄워 하늘 아래 모든 사람이 평화롭기를
두 손 모아 기원했다.

1부

명상하는 요일

명상하는 요일

오늘은 나의 집 '명상원 향래가(瞑想院香來家)'에서 명상하는 요일이다. 사람과 사람이 만나 말로 의사소통을 하는 것이 일상인데 코로나19 오미크론 확진자가 많아지는 요즘에는 외출이 두려운 상황이다. 코로나로 사람과의 거리가 멀어진 상황에서, 내 집을 개방한 것이 잘한 일이라고 생각한다. 처음 코로나바이러스 확진자가 나오기 시작할 때 문을 열게 되어 우리 아이들이 반대했었다. 다행히 지금까지 아무 일 없이 건강하게 정진할 수 있어서 고맙다. 일주일에 한 번, 별것 아닌 것 같아도 정진을 함께하는 시간이 나에게도 도반들에게도 고마운 시간이 된다.

향래가에서는 오전, 오후 40분씩 명상하며 자기를 바로 보는 행복한 시간을 갖는다. 그 시간 이외에는 어떤 이야기이든 자유롭게 하는데 텅 비움의 시간에는 입가에 미소를 머금게 된다. 함께하는 도반들은 나이가 있기에 건강을 챙기며 재미있게 이야기하는 분위기가 좋아 금요일을 기다린다고 한다. 명상은 몸과 정신을 건강하고 반듯하게 하는 데 목적이 있다는 것을 알고 오는 분들이라 더욱 감사하다. 사람은 먹는 데서 정이 든다. 반찬을 한두 가지씩 가지고 와 더운밥에 점심을 맛있게 먹는 것도 행복한 시간이라고 즐거워한다.

어제 도반이 카톡을 보냈다. 도반은 중증 치매 환자인데 전직 발레리나였다. 백조의 호수에 맞추어 발레를 추는 영상을 보았다. 그 모습을 보면서 부단한 연습이 그녀의 영혼을 일깨우고 있다는 생각이 들었다.

일주일에 한 번 정성을 들이는 명상 시간이 다른 도반들에게도 건강한 노후를 만들어주면 좋겠다. 젊어서는 고운 옷을 입던 멋쟁이들이었는데 어느새 세월이 흘렀다. 이분들 모두가 명상을 함께하면서 요양병원에는 가지 않기를 바라는 마음이다. 먹고 자고 움직이고 생각하며 사는 우리는 숨 쉬는 순간순간이 소중하다는 것을 안다. 나 또한 이분들이 있어 정진할 수 있어 고맙다. 겸허하게 오늘을 숨 쉬며 도반들과 활짝 웃는 행복한 하루였다.

이럴 때
생각이 난다

컨디션이 안 좋아 사우나에 갔다. 수중 마스크를 쓰고 사람이 별로 없는 사우나에서 시원하게 스파를 한다. 옛날에는 서로 품앗이로 등을 밀어주었는데 언제부터인가 그런 일이 없어졌다.

딸은 "엄마, 컨디션 안 좋으면 수고하는 사람에게 부탁해."라고 하는데 아직 한 번도 그렇게는 하지 않았다. 건강하기에 누구에게 등을 부탁할 정도는 아니다. 내가 손 닿는 곳과 긴 수건으로 비누칠만 해도 충분한데, 카운터 언니가 교대해 들어와 등을 닦아주겠다고 한다. 사양해도 해 주겠다 하니 고마웠다. 오래 알고 지내는 사이는 참 좋다. 이렇게 서로 자연스럽게 도움을 주고받을 수 있으니.

　탈의실에 나오니 들어오는 사람이 비가 많이 내린다고 한다. 아까는 날씨가 좋았는데. 탈의실 매장 언니에게 차를 불러줄 수 있느냐고 하니, 1층에서 연결해 줄 거라고 한다. 옆에서 옷을 입던 사람이 "이럴 때 영감님 부르세요" 한다. 무심히 "없는데요." 대답을 했다. "아유 젊은데…." 하는 소리를 들으며 마음속으로 눈물이 핑 돌았다.

　운전을 일찍 배웠으면 혼자 생활하는 데 불편함이 적었을 텐데. 남편이 운전을 배우지 못하게 해 기회를 놓쳤다. 그때는 운전의 필요성을 크게 못 느꼈다. 필요할 때는 남편이 운전을 해 주었기에 몰랐다. 이제 생각하니 내가 바보였다. 어떤 사람은 집에서 운전을 못 배우게 해 단체 여행 간다고 하고 며칠 지방에 가 면허를 딴 뒤, 남편이 돌아간 다음 잘 사용하는 경우도 보았다. 나는 왜 그런 생각을 못 했을까? 요즘은 제일 필요한 것이 운전이다. 그렇다고 지금 이 나이에 배워 얼마나 사용하겠냐 싶어 단념하고 지낸다.

1층 카운터에서 차를 불러주겠다고 여기저기 연락하는 모습이 고마웠다. 그러나 차가 없단다. 비가 내리는데 두 번이나 버스를 갈아타고 집으로 오는 발걸음이 무거웠다. 하지만 이것도 내가 극복해야 할 일이고 극복하며 잘살고 있으니 됐다. 이렇게 비 오는 날이면 이런저런 일들로 해 먼저 간 남편이 생각난다. 수없이 많은 일들이 그립고 그립다.

부부란 얼마나 소중한 인연인지 이별을 겪지 않은 사람들은 모를 것이다. 그래도 건강한 두 다리로 이렇게 생활할 수 있다는 것으로 감사하자. 건강한 정신에 건강한 몸이 있는데 나 혼자서 무엇인들 못하리! 모두가 마음법이다. 씩씩하게 이 순간을 살면 된다. 지금 내가 글을 쓰고 있을 때, 남편이 옆에 있었다면 얼마나 좋아하며 잘해 줄까? 이 생각만은 머릿속에서 떠나지 않는다.

때아닌 겨울 선물을
가득 안고 왔다

    코로나19로 움츠러든 일상이지만, 한 달 전 바람도 쏘일 겸 나들이를 약속했다. 아름다운 인생학교에서 처음으로 함께한 '인자만 둘레길' 모임이었다. 사람과 자연이 만나는 날이란 의미를 갖고 지은 이름이라고 했다. 영하 15도의 날씨인데, 추운 줄도 모르고 싱글벙글 무주 덕유산 향로봉까지 가볍게 올라갔다 내려왔다.

    1,600m의 상고대! 내린 눈이 눈꽃으로 변해 두 가지 아름다운 풍경을 모두 보았다. 처음 동참한 여행이었는데 횡재를 했다. 요즘에는 좀처럼 구경하기 힘든 눈이어서 설산이 된 향로봉에서 눈썹이 하얗게 될 때까지 사진을 찍었다. 바람은 불고 날씨는 매서워도 눈이 좋아, 감탄하면서 아름다움에 황홀했다. 나는 유독

눈을 좋아한다. 시내에서는 눈이 내리면 출근길 걱정을 먼저 하지만, 이곳은 산이다. 이런 큰 선물을 받고 돌아오면서 싱글벙글 좋았다. 잊을 수 없는 아름다운 나만의 추억에 함께한 일행들도 모두 편한 친구들이라 더욱 좋았다. 아름다운 사진을 찍어 단체 카톡에 공유하는 고맙고 소중한 친구들이다. 그중에 한사람, 영화 속 인간 심리 코디인 양 선생은 나와 함께한 시간이 많았다. 영원히 추억에 남을 내 사진도 찍어 주었다.

정월 대보름도 지나고 입춘도 지나고 풍요로운 함박눈이 온 세상을 하얗게 해 준 날, 코로나19로 인한 환자가 10만 명이 넘었다고 한다. 겨울의 풍요로움을 가득 안고 봄을 맞이하는 계절이 되었으니, 모든 근심 걱정이 없어졌으면 좋겠다.

자연이 준 감사의 선물을 받은 이 순간은 온 세상이 태평성대인 것처럼 느껴졌다. 모두가 평화로운 세상에 주인이라고 느끼는 감정은 나만의 생각일까? 모든 시름 다 잊고 때아닌 겨울 선물을 가득 안고 돌아온 오늘, 모두가 행복하기를 바란다.

밝음은 좋다

 명상하는 날, 일주일이 빨리 지나간다고 도반이 웃으며 들어온다. 정리 정돈을 하고 촛불을 밝힌다. 집안의 냄새도 없앨 겸 경건하게 향 내음도 은은하게 피운다. 밝음은 좋다. 웃는 모습을 싫어하는 사람은 없을 것이다. 밝음을 싫어하는 사람도 없을 것이다. 나는 그 밝은 마음을 다스리기 위해 명상을 한다. 여유를 갖는 평화로운 시간이다.

 도반 하나가 속이 안 좋다며 미음을 직접 끓여 왔다. 병원에도 다녀와 약을 먹고 있는데 그래도 불편하다고 한다. 나는 우리 집 안마기에서 안마를 받도록 하고 따뜻한 물 팩을 배에 대도록 했다. 또 한 도반은 말을 재미있게 잘해서 이야기 시간을 더 가졌다. 이런저런 이야기를 나누며 모두가 깔깔 웃었다. 말을 하는 것도 소화 기능에 효과가 있으니까. 아픈 도반에게 따뜻한 물을 자주 마시도록 하고 다른 날보다 30분 늦게 좌선을 시작했다.

앉을 때는 허리를 곧게 펴고 어깨는 뒤로 넘어지듯 쭉 펴고 앉도록 자세에 더 관심을 가졌다. 내가 앉는 모습을 보고 사람들이 부러워했다. 자세는 살아온 습이다. 자세를 반듯하게 앉는 것만으로도 혈액순환이 잘 된다. 움츠림은 모든 장기의 움직임에 장애가 된다. 어깨를 쫙 펴서 뒤로 넘어지듯이, 허리만 곧게 펴도 몸의 기능이 자유로워진다. 좌선을 하는 동안은 텅 비움의 연속이다. 고요하다. 그 순간 입가에 미소가 절로 생기고 사유의 시간에는 모두 멈춤이다. 먼지처럼 가벼운 존재가 되는 평온한 시간, 그 무엇에도 걸림 없는 자유의 시간이다. 이런 연습을 꾸준하게 하면 몸도 마음도 건강한 사람이 된다. 천 리 길도 한 걸음부터라는 말이 있듯 심신이 건강하면 모든 일이 평화롭다.

적극적인 긍정의 에너지가 가득 차면 일상이 아름답고 감사하다. 하고 싶은 일에 정진할 에너지도 축적하는 시간이 된다. 할 수 있는 일, 하고 싶은 일 두 가지만 실천하여도 긍정의 에너지로 항상 밝은 모습으로 살 수 있다. 몸이 아플 땐 병원을 찾는 것이 지혜로운 일이다. 나이가 들어가며 여기저기 아픈 것도 긍정적으로 받아들여야 한다. 시간이란 흐름을 잘 이용하여 건강한 정신에 건강한 몸이면 이 세상 살아가는 데는 최고의 행복이다. 물질은 잠시 내 손을 스쳐 지나갈 뿐 소욕지족(小慾知足)으로 의, 식, 주만 해결하면 된다. 남과 비교할 필요가 절대 없다. 내가 숨을 쉬어야 살 수 있다. 숨 쉬는 이 순간 각자는 소중한 천연기념물이면서 아름다운 존재이다.

오후 좌선 시간도 무난하게 잘하고 속이 좀 편안해져 밝은 모습으로 돌아가는 도반의 뒷모습이 보기 좋았다. 명상이 끝난 뒤 아는 분이 방문해도 되겠냐고 했다. 나는 죄송하다 하고 다음으로 미루었다. 단순하고 소박하고 여유 있게 살고 싶다. 더불어 이로운 일상이면 더욱 좋으리라. 이런 시간이 쌓이면 텅 비움의 자유를 맛볼 수 있다. 한 줄기 바람처럼 그물에 걸리지 않는 일상을 살아가려고 노력하는 정진의 시간, 보고, 듣고, 맛보고, 느끼고, 사유하고, 움직이는 모두가 감사의 대상이다. 저절로 밝은 웃음이 맴도는 이 순간이 평온함, 그 자체이다.

봄이 오는 소리

　단체 카톡 방에 꽃 사진이 올라온다. 봄이 오는 소리가 들린다. 여인들은 꽃을 좋아한다. 나 또한 꽃을 좋아한다. 선운사에는 동백꽃이 많이 핀다. 언젠가는 그곳을 가 보고 싶다. 겨울 동백은 유난히 아름답다. 꽃들이 없는 계절에 피어나기 때문인 것 같다. 많이 있으면 귀한 줄 모르는 것을 아는 모양이다. 꽃이 없는 계절에 눈 속에 붉은색으로 피어 더 곱고 더 아름답다.

　행복한 여인이라고 불리는 친구가 있다. 그 친구는 동에 번쩍 서에 번쩍 자유롭다. 운전을 하니 가고 싶은 곳을 원 없이 다닌다. 가는 곳마다 귀한 사진을 올려 줘 고마운 친구다. 세종 국립 수목원에 다녀온 사진이 올라왔다. 아담한 정원 사진이 나의 눈을 멈추게 한다. 물이 흐르고 잔잔한 꽃들이 활짝 웃고 있다. 그곳에는 클래식 음악이 흐르는 것 같다. 다섯 살쯤 된 딸과 손잡고 거닐고 있는 여인의 모습이 한가롭고 평화로워 보인다. '엄마 저 꽃 이름이 뭐야? 물 한가운데 돌에 피어 있는 꽃 말이야', '응 잘 모르겠는데' 하며 지나가는 것만 같은 느낌이 든다.

초록의 열대 식물들을 바라보는 순간 평온한 마음이 든다. 함께 어울린 생명의 궁전, 아담한 온실 정원이 평화롭다. 보기만 해도 잔잔한 기쁨을 선물한 친구들이 고맙다. 일상의 번뇌를 잠시 잊고 생명이 숨 쉬는 소리에 귀 기울여본다. 봄이 오는 소리가 들린다. 꽃을 포함한 모든 식물은 봄을 좋아하는 걸까?

귀요미
닥종이 인형

'언니, 오늘은 뭐 하시나요. 요즘 내가 푹 빠져 있는 기쁨이와 봉이입니다.'

스마트폰에 보낸 닥종이 인형이 귀엽다.

'예뻐요. 미적 감각이 있어서 아주 귀여워요. 통화 가능하면 통화해요' 바로 전화가 왔다. 무소식이 희소식이라고 연락 없어도 이해해 달라며 이런저런 이야기를 하였다. 그는 요일별로 계획표를 이야기한다. 그는 정년이란 이름으로 아름답게 교직을 마무리했다. 정년을 기념해 20여 년간 그린 문인화를 전시한 후 작품들을 모두 나누어 주었다. 멀리서 온 지인들에게는 교통비도 드리고 선한 마음으로 의미 있는 퇴임식을 하였다.

그러고 난 후 백수가 되어 한가롭게 지낼까 했더니 더 바쁘다고 한다. 닥종이 인형은 예전부터 하고 싶었는데, 한 살이라도 더 먹기 전에 배우다 보니 일주일 계획표가 꽉 차 있다면서 푸념 아닌 푸념도 한다.

닥종이 인형 하면 작가 김영희 님이 생각난다. 김영희 작가 덕분에 우리나라에서도 한때 닥종이 인형 만들기가 유행하였다. 두 가지 작품을 만드는 데 4개월이나 걸렸단다. 오늘도 닥종이 공예를 배우러 가는 날인데, 오전에 다른 일로 미루어 전화할 여유를 갖게 되었다고 한다. 사진 속 한 쌍의 닥종이 인형이 귀여워 나도 배우고 싶은 충동이 생긴다. '기쁨이와 봉이'라는 이름은 기쁘게 일상을 사는 본인과 동반자의 이름을 따라 지은 것이라고 한다.

귀한 시간을 내 만든 예술품은 그만의 창조적인 예술품으로 작가의 개성과 혼이 들어 있다. 내 글에도 분명 나만의 무늬가 있을 것이다. 한 획 한 획 움직이는 붓 놀림은 혼의 결정체이며, 몰입한 시간은 '일상을 명상처럼' 실천한 결과물이라고 할 수 있다. 코로나19로 우리 집 애들은 오늘도 비상이다. 이럴 때 집에서 어떤 것이든 취미생활을 하는 것도 좋을 듯하다.

초록색을
좋아하는 사람이
궁금했다

오늘은 아침부터 빗나간 하루였다. 새벽에 일어나는 것이 일상이 되어 새벽 4시면 블로그에 글을 올리는데, 잠에서 깨니 새벽 5시 30분이었다. 오전 10시에 요리 수업을 하기로 한 친구가 사정이 있다고 해 오후 3시에 하기로 했다. 그러고 나니 오전 시간이 나기에 모처럼 개학한 손자 얼굴을 보러 첫차로 딸네 집에 가기로 했는데, 그만 늦잠을 잔 것이다. 서둘러 할 일을 하고 출발하려다 택시를 탈 생각에 글을 쓰기 시작했다. 글과 함께 사진을 올리고 택시를 탔는데 도착하고 보니 버스를 타고 간 시간하고 비슷했다.

자다가 일어난 손자가 내 품에 안긴다. 더 자라고 등

을 다독여 주고 아침 준비를 했다. 맛있게 아침을 먹은 손자가 기쁜 얼굴로 학교에 갔다. 마침 재택근무를 하는 딸과 아파트단지에 열린 장터를 돌며 이야기도 나누고 반찬거리도 사러 다녀왔다. 우크라이나 전쟁으로 인한 석유 가격 인상으로 채솟값도 예전보다 비싸졌다. 초록색을 좋아하는 나는 손자에게 어려서부터 채소를 자주 먹였다. 그래서인지 손자는 이것저것 가리지 않고 잘 먹어 기특하다. 이른 봄에 연초록으로 뾰족하게 파가 올라오면 나는 앉아서 살핀다. 겨우내 잘 견디다가 모습을 드러내는 새순이 참 신기하고 고맙다. 그런 파를 국에 넣어 먹으려 할 때는 주춤해진다. 연한 초록의 새순을 팔팔 끓는 국에 넣으려면 미안하기도 하고 얼마나 뜨거울까, 측은지심이 생긴다.

노지에서 건강하게 자란 시금치를 샀다. 값이 비쌌지만 건강하게 햇빛을 보고 자라 뿌리가 굵고 튼튼했다. 호박은 비닐에 꽁꽁 묶여 숨도 쉬지 못하는 것을 사다 물에 한참 담궜다가 전을 부쳤다. 딸네 집에서 이런저런 일을 하다 보니 오후에 약속했던 요리 수업에 가고 싶지 않았다. 친구에게 전화를 걸어 오늘은 가지 않겠다고 하고 나니 마음이 홀가분했다. 아하~ 집착을 한가지 내려놓으니 이렇게 편하고 기분이 좋다.

이런저런 일을 하고 집에 돌아오는데 또 택시를 타게 되었다. 줌으로 하는 글쓰기 시간에 맞추기 위해서였다. 그런데 퇴근 시간이라 차가 많이 밀렸다. 기사님은 머리카락이 하얀 사람이었다. 내비게이션이 가자는 대로 간다면서 이 길도 자주 다녀 보았는지 묻는다. 내가 간혹 다니는 길이라고 하자 기사님이 말한다.

"어떤 손님들은 왜 이 길로 가느냐며 싸우자는 사람도 있어요."

"그때그때 상황에 맞추어 안내할 텐데, 택시 타는 사람이 몇천 원 더 나오리라 생각하면 되지요."

하며 이런저런 이야기를 하고 오는데 차가 계속 밀렸다. 어디쯤 오자 기사님은

"배에서 구라파 전쟁이 났어요." 한다.

"집에 다 와 가니까 내려주고 학원 건물로 들어가면 화장실이 있을 거예요." 하자

"오면서 보니 주유소가 있으니까 그곳으로 가면 돼요." 한다.

나는 집 가까이에 와 내렸다.

"짐이 있는데 더 가셔도 됩니다." 하기에

다 왔다고 하며 내렸다. 기사님은 고맙다는 말을 몇 번이고 한다. 배려한다고 하면서도 그 기사님이 측은하게 생각되었다. 얼마나 급하면 그런 말을 했을까 생각하니 내 마음이 좀 쓸쓸했다. 산다는 것이 무엇인지, 그 사람에게 내 집 화장실을 개방해 급한 일을 해결하게 해 주었다면 좋았을 텐데, 하는 아쉬운 마음이 들었다. 그동안 사람들을 무조건 믿고 행동했지만, 결과적으로는 경제적 시련으로 이어졌었다. 그런데 또 이런 생각을 하는 내가 나사 풀린 사람 같아서 우울했다. 텅 비운다는 것은 어디까지 비우는 것일까. 한동안 혼자서 생각했다.

어머님,
저 가는 데로
가시지요

만물이 약동하여 생명이 피어나는 봄, 경칩이다. 사위가 "어머님, 저 가는 데로 가시지요." 하기에 "오케이, 고마워."하며 따라나섰다. 딸 가족이 예약해 놓았다며 외식을 하자고 한다. 얼마 전부터 주말이면 어디든 시간을 내 구경 가자는 사위가 고맙다. 쉬고 싶을 텐데, 꼭 어디든 가자고 하는 마음이 기특하고 사랑스럽다. 가족이란 함께 지내는 시간만큼 정이 드는 것 같다. 때론 거절하면서도 은근히 기다려지는 때도 있다. 사람 마음은 항상 변하는 것 같다.

사위가 아니면 이런 음식점에 올 수 없을 텐데 하며, 딸 앞에서 칭찬해 주었다. 사실이 그렇다. 쉽지 않은 일인데 고맙다. 운전하고 온종일 다니는 것도 힘들 텐데 하는 마음이 들어 거절하다가도 말을 들어준다. 딸네 가족과 함께 맛있게 점심을 먹은 후 또 어디론가 안내하는 데로 따라갔다. 종로구에 있는 북촌길이었다. 햇볕이 있는 곳은 따뜻했다. 바람이 분다. 하늘 아래 어떤 길이든 가족이 함께 걷는 길이 감사하다. 일상이 바쁜 젊은이들이니, 이런 날이 자주 있는 것은 아니다. 걷는 것을 좋아하는 나는 기분이 좋다. 삼대가 함께 하는 나들이, 북촌길을 걸으니 더 고맙다.

독립운동가의 길을 지나 서울특별시교육청, 정독도서관, 서울교육박물관이 눈에 들어온다. 그곳에 들어갔다. 우리 엄마, 아빠의 학창 시절 그 추억 속으로 시간 여행! 그리고 독립운동가 김란사 탄생 150주년 특별전이 열리고 있었다. 2022년 3월 30일까지다.

> "'네가 선택한 삶이 아름답기를' 그녀의 열정을 독립운동으로 이어갔던 여성 김란사! 그녀의 열정은 유관순을 만들었고 이 땅의 수많은 여성이 조국

해방의 주역으로 자신을 다시 바라보는 계기를 만들었습니다."

_서울교육박물관

독립운동가의 길 초입에 한국문학인들 이름이 있다. 사위 덕분에 생각하지 못한 나들이로 좋은 곳을 관람하고 돌아오는 길. 인왕산 초소 책방, 경치 좋은 곳에는 사람들이 많이 있었다. 청와대도 내려다보인다. 오후 4시가 지난 시간에 차를 타고 지나가면서 밖의 전경을 보았다. 서울의 전경이 맑은 하늘 아래 선명하게 들어온다. 사직 중앙터널을 지나 금화터널을 지나 이대, 연대를 지나고, 합정동 길이다. 젊은이들이 많았다. 강변북로를 따라 수서 간선도로, 세계 5위인 123층 롯데타워도 보인다.

"어머님, 저 가는 데로 가시지요." 말해주는 사위가 더 고맙게 느껴진 날이었다.

개근상이 없어졌다고?

막내아들네 손자가 초등학교 입학하는 날이다. 그런데 코로나 양성으로 온 가족이 일주일간 외출 금지가 되었다. 입학 첫날부터 학교를 못 갔으니, 개근상은 못 타겠다고 생각했다. 그런데 지금은 개근상이 없어졌다고 한다.

창밖의 햇살이 따뜻하다. 나뭇가지가 움직이는 것을 보니 바람이 분다. 그래도 햇빛이 좋아 산책하고 싶은 생각이 든다. 오후 4시가 지나 집을 나섰다. 영상 8도니까 걷기 좋은 날씨다. 갑갑하던 마스크도 바람이 불 때는 보온이 되어 좋다. 쓰다 보니 이제 일상이 되어 안 쓰면 오히려 허전하다고 할까?

긍정적으로 하루하루 숨 쉬는 시간이 감사하고, 걸을 수 있는 이 순간이 감사하다. 천천히 걷는다. 밝은 태양이 눈부시다. 요즘은 주위에 산책길이 잘 되어있다. 어느 동네이든지 살기 좋은 환경이다. 그 환경을 사용할 줄 알아야 한다. 귀찮다고 실천하지 않으면 안 된다. 우리 동네도 산책 중에 만나는 사람이 없다. 집만 나가면 가까이에 산이 있는데, 이런 좋은 환경을 즐기지 못하는 것이 안타깝다. 먹고, 자고, 움직이고, 생각하고 단순하고 소박하게 살자. 텅 비우는 연습을 하자.

발걸음을 천천히 옮긴다. 딸 가족도 코로나 양성으로 일주일간 외출 금지를 겪었다. 그래도 다행히 가볍게 지나갔는데, 막내아들 가족이 또 양성판정이 나왔다고 하는데 두 번째라 덜 놀라게 된다. 천천히 걷는다. 그런데 어디만큼 산길을 올라가다가 스마트폰을 보니 손녀가 내 블로그에 왔다 간 흔적이 보인다.

"그렇지 않아도 궁금했어요. 중학교 2학년이 된 개학 첫날, 학교 잘 다녀왔군요. 할머니 블로그에 인사해 주어 고마워요."

"서윤이는 입학 날인데 코로나 양성으로 작은집 가족 모두 오늘 못 갔어요. 건강하게 학교 다녀올 수 있어서 고마워요. 할머니는 지금 산책 중인데 소식 보고 반가웠어요."

"서윤이 입학식이 안타깝네요. 저는 오늘 개학하는 날 잘 다녀왔어요! 방송부여서 일찍 가고 늦게 왔어요. 할머니 블로그 앞으로 더 많은 사람이 봤으면 좋겠어요! 산책 즐겁게 하세요. 감사해요."

"고마워요."

제일 큰 손녀딸이 의젓하다. 새 학년 개학하는 날, 잘 다녀와 줘 고맙다. 건강하게 모두가 밝게 웃고 등교할 수 있는 날이 되길 바라는 마음이다.

큰아들이 초등학교 졸업할 때는 개근상이 있었다. 결석을 안 해 무엇으로 개근상을 정할까 하다가 교장 선생님 의견으로 6년간 책가방을 바꾸지 않고 가지고 다닌 학생들에게 개근상을 주기로 했었다. 아들은 몇 명 안 되는 상을 받았었다. 그런 추억이 있어서 손자가 초등학교 입학 첫날부터 학교에 못 가니 안타까웠다. 지금은 초등학교 졸업식 때, 명칭을 달리해 모두에게 상장을 준다고 한다. 이런 것도 인격 존중의 평등함일까?

대한(大寒)에 가슴이 철렁했다

　상큼한 새벽을 좋아한다. 24절기 중 마지막 절기인 날, 새벽의 움직임은 무언가 생동감이 있다. 재택근무 중인 딸네 집에 가는 날이다. 발걸음도 가볍게 하루를 시작했다. 버스에서 내려 산책길을 조금 걷는다. 가로등 불빛 아래 하얀 눈길을 걷는 순간이 행복하다.

　아파트단지에 일주일에 한 번 장이 들어오는 날이다. 이런저런 부식 재료를 사 왔다. 얼마 후 지인에게 전화가 걸려 왔다. 오래간만의 통화였다. 하는 일 없이 무엇이 바쁜지 내가 전화를 했어야 하는데, 윗사람이 전화를 주셔서 송구스러웠다. 40년 지기인 형님은 대가족을 이끌며 몇 가지 역할을 기쁘게 실천하는 보기

드문 분이다. 아내이며, 어머니이며 할머니. 이런저런 이야기를 하다가 코로나로 모임을 갖지 못하는 아쉬움을 이야기했다. 아는 사람은 독감 예방접종을 받고 몹시 앓았다고 한다. 그 이후 코로나 예방접종을 아예 안 받았고 외출을 자제하며 지낸다고 했다. 또 다른 사람은 건강한 사람인데 접종하지 않고 건강을 자랑하다가 갑자기 코로나에 걸려 돌아갔다고 한다. 이런저런 세상 돌아가는 이야기를 전화로 들은 날이다.

오후에는 사위가 직장에 코로나 양성인 동료가 있어서 집으로 돌아왔다. 딸도 직장 동료 70여 명이 모두 검사를 받고 집으로 오는 중이라고 했다. 대한(大寒) 날 가슴이 철렁했다. 집으로 온 사위는 그 상황에서도 회사 일을 하고 있다. 만약 양성이라면 딸과 손자도 양성일 텐데, 걱정이 되었다.

내가 서둘러 나와주는 것이 애들을 도와주는 일이라 생각하고 바삐 집으로 돌아왔다. 집에 와 감염 걱정을 잊으려고 노력했다. 저녁 8시쯤 손자한테 전화가 왔다. "아빠 음성이래요." 다행이다. 얼마나 많은 가정이 이런 걱정을 하고 있을까? 대한(大寒)에 가슴이 철렁했다. 입춘을 맞이할 때는 코로나19 바이러스가 모두 사라지길 발원한다.

님의 흔적

하늘 아래 이곳
우리의 꿈 같은 아름다운 시간들이
당신으로 하여

언젠가는 저도
당신 옆에
다소곳하게 잠들겠지요

영혼의 육신이 잠들기 전과
잠든 후의 갈림길의
사랑의 문인가요?

문학 13이란 팻말이 있다
단풍나무 아래에
한 줌의 이슬로 잠들었다
사랑의 흔적 열 명 중 대표로
당신을 찾아온 이 순간
비가 내립니다

코로나로, 해외 출장으로 함께 못 오고
각각 다녀간다고 하네요

막내가 이 세상 태어나는 날
세상을 다 얻은 것처럼
기뻐했던 당신
그런 막내아들이
님의 흔적을 살피고

아빠 잘 있어요, 하며 돌아선다

한 수행자의 모습이
귀감이 된다

　인과선원(因果禪院) 정덕(正德)이라고 써진 감 그림이 있는 귀한 선물을 이 가을에 받았다. 어느 도예 작가의 혼이 들어가 있는 소중한 작품이 나에게 인연(因緣)으로 왔다. 컵에도 '감사합니다'라는 글귀가 씌어 있다. 한 수행자의 모습이 귀감이 된다.

　'나를 위한 선물 내 인생의 자서전' 출간기념회 현장에서 스님의 구순 기념 책을 받았다. 책 세 권을 내시고 선물에 직접 사인을 하신다. 옷깃을 여몄다. 정성스럽게 이쁜 글이 태어나는 순간, 감탄하며 합장하고 받았다. 구순인데 건강하시다. 이렇게 글과 함께한 연륜이 쌓여 건강하실까? 아니면 수행 정진한 노력의 대가

일까? 선한 일을 많이 한 결과일까? 옆에 서서 기다리며 이런 글을 받아도 되나 하는 마음이었다. 이인자 원장님이 받으라고 권하여 받았지만 송구스러웠다.

한 자 한 자 정성스럽게 쓰신 글귀가 빛이 난다. 불명이 좋아요, 하시면서 불일화 선생이라고 썼네, 하고 웃으며 건네주신 책이다. '저승에서 살아 돌아오다' '호랑이 발자국이 안내하다' '꽃의 소리 허공의 소리를 듣다' 세 권과 도자기컵 두 개가 들어 있는 귀한 선물을 받았다. 건강한 모습으로 정성스럽게 쓴 글이, 영원히 나의 마음에 각인된다. 만인을 사랑하는 자비심으로 상담개발원 자비의 전화를 처음 시작한 스님이시다. 우리가 살아가는 사회에서 마음 아픈 이웃들을 다독여 주시며, 긴 세월 자비의 봉사로 이웃과 하나 되기를 실천하신 수행자시다. 직접 뵙고 선물까지 받는 잊지 못할 날이 되었다.

밖에는 초강력 태풍 힌남노가 북상해 100~600ml 폭우가 내리고 초속 60m가 넘는 바람이 불 것이라고 예보했다. 정부는 주의를 당부하고 큰 피해 없기를 모두 바라고 있다. 이 순간 나를 되돌아본다. 나는 무엇하는 사람인가? 탐진치(貪盡痴) 습에 싸여 누군가에게 이로운 일은 못 하고 해로운 일, 해로운 말을 하며 사는 것은 아닌지 돌아보았다. 구순의 연세에 반듯한 글을 써 주신 스님께 감탄하며 고개를 숙였다. 겸허해진다. 한 획 한 획 쓰신 정성처럼 일념(一念)으로 아름다운 날들을 소중하게 살아가야지.

하루를 겸허하게 맞이했다

초강력 태풍 '힌남노'가 북상한다 하여 모두가 큰 피해 없기를 바라며 하루를 맞이했다. 막내아들네 손자가 열이 39도까지 오르는 목감기가 왔다. 맞벌이 부부인 아들 며느리가 도움을 요청했다. 아침에 약간의 비가 내리고 오전부터 쨍쨍 맑은 날씨였다. 마음도 함께 밝아졌다. 하루 중 내가 볼일 있는 시간에는 아들이 회사에서 오기로 했다. 어제는 어멈이 하루 결근했지만, 오늘은 출근을 했다. 아들이 결근해야 하는데 꼭 해야 할 일이 있어서 회사에 가야 한다고 했다. 아침에는 사람이 바람에 날아갈 정도의 초강력 태풍이 온다 하니, 나에게 기다려 보라 한다. 날씨가 궂으면 저희끼리 해결하려고 했는데, 다행히 비가 약하게 내리는 아침이라 나에게 도움을 요청했던 것이다. 가까운 거리지만 차를 한 번 갈아타고 손자를 보러 간다. 날씨가 좋아 비둘기들이 한가롭게 노니는 모습을 찍었다.

아들 집에 도착하니 손자가 "할머니" 하며 안긴다.

"귀한 내 새끼 어찌 아픈가?" 하며 안아주었다.

아들은 내가 볼일 있는 시간까지 돌아오겠다 하고 집을 나섰다. 손자에게 이것저것 먹도록 권하는데 아침 먹었다고 아무것도 먹지 않으려 한다. 아픈 지 3일째다. 고열이 미열이 되어 다행이다. 오늘만 잘 지내면 초등학교 1학년인 손자는, 내일은 학교에 갈 수 있을 것 같다. 맞벌이라 해도 아이 돌보는 데 최선을 다하는 나의 삼남매들, 모두 하나씩인 꿈돌이를 사랑으로 보살핀다. 6시간의 보살핌 시간에는 이런저런 이야깃거리가 많다. 아이는 오락을 하고 싶어 한다. 아빠가 출근하면서 오락은 안 했으면 좋겠다고 이야기하고 나갔기에 손자 말을 들어줄 수 없었다.

"미안해. 할머니가 손자 말을 들어줄 수 없어서."

"1분만 하면 안 돼요?" 하는 아이에게

"그림책 가져 와. 할머니가 읽어줄게."

하고 달랬다.

이해력이 빨라 말을 잘 알아듣는 손자가 그림책 세 권을 들고 왔다. 손자 엉덩이를 토닥토닥해 주고 책을 읽어주었더니, 할머니 연기 잘한다고 한다. 주인공에 따라 성대모사를 다르게 하였더니 하는 칭찬이다. 한 권의 책은 내일 학교에 가져가 친구들에게 읽어주어야지, 하는 기특한 손자. 책 읽어주며 재우려 했는데 배고프다고 점심을 먹자고 했다. 잘됐다. 집에서 구워온 생선과 직접 기른 오이, 배와 함께 점심을 맛있게 먹는 손자가 귀여웠다. 손자와 아름다운 시간을 보낸 후 오후에 포토에세이 가을 개강이라 서둘렀더니 겨우 시간 맞추어 강의실에 도착했다.

처음 들어온 사람들 소개가 있었고, 코디님이 수업 진행 과정을 이야기로 재미있게 마무리했다. 모두 추석 지나고 다음 날을 약속하고 헤어졌다. 다섯 명이 남아 저녁 식사를 하게 됐는데, 진솔하게 이야기하는 시간이 되었다. 봄, 여름, 가을을 맞이하는 분기별 수업을 하니 코디님과 정이 들었다. 스스럼없이 부모 이야기를 나누며 맛있는 저녁을 먹고 거의 두 시간 동안 이야기를 나누었다. 부모님 이야기가 핵심이었는데, 앞을 볼 수 없게 된 어머니부터 치매 때문에 부모님 댁을 날마다 방문해 보살피는 딸도 있었다. 자녀들이 돌아가며 불편한 부모님을 보살펴야 하는 어려움에 관해서도 이야기했다. 모두 남의 일 같지 않았다. 자녀들에게 이런 모습을 보이고 싶지 않은 것은 모든 부모의 바람이다. 그러나 내일 일은 아무도 모른다.

    하루를 겸허하게 맞이하여 감사한 마음으로 과로하지 않고 건강하게 살 것을 마음으로 다짐하는 날이었다. 요양병원 가지 않고 편안하게 살던 집에서 평온한 삶을 마무리할 수 있기를 발원한다.

구월의
첫 번째 목요일

    구월의 첫 번째 목요일, 내일부터 4일간 추석 연휴다. 모두 한 가정으로 모이는 때. 만법귀일(萬法歸一)이란 글귀를 생각한다.

    코로나바이러스로 고생을 했다. 후유증이 있다고 모두 조심하라고 하지만 할 일은 해야 했다. 내게 시중에 없는 방석이 있는데, 지혜로운 여인이 한 장 원하기에 선뜻 주겠다고 약속했다. 코로나 오기 전에 한 약속이라 만나기로 했다. 함께 공부한 명상 도반이라 하늘 아래 하나밖에 없는 작품이라고 너스레를 하였다. 만나서 점심을 먹고 이런저런 살아가는 이야기를 들어주었다. 시간이 빠르다는 것을 같이 공감했다. 해외 생활하다가 들어와 안정된 생활이 아니라 부부 사이에 의견이 분분하다는 이야기였다. 남편에게 잘하는 헌신적인 미인이다. 명상하며 가정이 평화로워지길 바란다. 누구에게나 힘든 고비는 한 번씩 있는 것 같다. 어려울 때일수록 부부가 백지장도 맞들면 가볍다고 힘을 모아 배려하면 평화로운 가정이 될 것이다. 살아간다는 것, 별것 아닌데 본인이 최고라는 자만심이 옆 사람을 힘들게 한다. 그렇다고 경제적으로 안정감을 준 입장도 아니면서 말이다. 지혜롭게 안정된 화목한 가정이 되길 바란다.

도반과 헤어진 후 모란장에 갔다. 채소 거리를 몇 바퀴 돌아 값을 보고 사 왔다. 집에서 가깝기에 간혹 모란장을 이용하는데 겉절이김치를 담그기 위해 알배추를 샀다. 한 포기 1만 2천 원 하는 배추는 별로 좋아 보이지 않았다. 깐 쪽파 한 단에 1만 8천 원이나 해서 깜짝 놀랐다. 폭우와 긴 장마로 채솟값이 금값이다. 그래도 몇 바퀴 돌아 값을 알아보고 구입한 알배추가 마음에 든다. 다섯 통을 일만 원에 샀다. 무도 한 개에 오천 원인데 한집에서 새 봉투에서 꺼내 놓으면서 3천 원이라고 한다. 부추도 쪽파도 이곳에서 파는 값 중에 저렴하게 사서 마음이 흐뭇했다. 돌아오는 길은 도로가 한적하다. 내가 타고 다니는 버스를 환승하는 정류장이다. 여러 개의 시장물건 가방은 무거워도 저렴하게 구입한 알배기 배추로 인해 힘든 줄 모르고 기쁘게 돌아왔다.

뚝딱 겉절이를 만들었다. 큰며느리도 코로나바이러스로 고생하다가 이번 주에 출근을 했다. 둘째네도 손자가 고열로 고생을 했다. 그래도 명절에는 어느 회사에서 어느 위치에 있든 부모가 있는 집으로 모이는 만법귀일(萬法歸一)의 글귀를 떠오르게 한다. 세 아이를 기르며 시댁에 가 음식 준비를 할 때마다 느꼈던 감정이었다. 지금 내 며느리들도 이런 감정을 느낄까? 한곳으로 모이는 명절이란 풍습이 참 좋다. 지금 시대는 직계가족 위주이다. 장남이란 전통이 사라졌다. 바쁜 자녀들 얼굴 보기도 힘든데 이런 명절 때만이라도 오손도손 한자리에 모이면 즐겁다. 고향이란 곳이 부모가 계신 곳이지만 서울 사람들은 고향의 향취는 없다. 돌아가신

조상님이 계시기에 살아있는 우리가 있다. 감사한 마음으로 간소하게 정성스럽게 추석을 맞이하자는 게 나의 생각이다.

마당에 천사나팔꽃이 무리 지어 피었다

 마당에 천사나팔꽃이 무리 지어 피었다. 보기만 해도 풍요롭다. 향기는 얼마나 좋은지 보면서 고맙다 하며 활짝 웃는다. 일 년에 네 번 피는데, 때맞추어 활짝 고개 숙인 너, 올 추석은 너로 하여 더욱 풍요롭다. 우리의 이웃들도 이렇게 향기 나는 풍요로운 추석 명절이 되었으면 좋겠다. 풍요와 기쁨이 가득한, 행복한 오늘이다.

지금,
여기 이 순간,
나를 토닥인다

    코로나 후유증인 것 같다. 한 달이 되어 가는데 왼쪽 눈에 무엇이 아른거리고 기운이 없다. 친구가 잠깐 다녀가겠다고 해 그러라고 했다. 지금, 여기 이 순간, 나를 토닥인다.

    오늘은 안과에 가 보려고 한다. 친구와 차를 마시며 이런저런 이야기를 나누었다. 건강하기에 무엇이든 할 수 있는 용기가 있다. 또한 맑은 정신으로 이야기할 수 있는 이 순간이 있어 감사하다. 그런데 친구가 작년 연말에 내가 써준 글을 액자에 넣어 보관했다는 말에 깜짝 놀랐다. 무슨 내용을 써 주었는지 기억이 나지 않는다. 그렇지만 그 친구에게는 그 순간 마음에 와닿는 글이기에 액자에 넣었을 것이다. 한순간도 잘못 살면 안 되겠다는 생각이 번뜩인다. 그때의 상황에 맞게 무슨 내용이든 글을 썼을 것인데 그 글을 액자에 넣었다 하니 참 고맙고 나를 다시 점검해 보는 시간이 되었다. 기쁘게 웃고 살아도 짧은 시간이다. 항상 감사기도 속에 만나는 사람, 사람, 고맙고 소중하다. 누군가에게 마음 아픈 일을 하면 안 되는 나이다. 안, 이, 비, 설, 신, 의(眼耳鼻舌身意)를 잘 다스리는 주인이 되어야 한다.

셀프 부양을
계획하시나요?

홀로 사는 셀프 부양을 계획하시나요? 인생 학교 카페에서 '명견만리'라는 KBS 방송 프로를 보았다. 예전에도 한 번 보았는데, 두 번째 보니 남의 일 같지 않다. 아름다운 인생 학교 포토에세이 수강 날이었다. 일주일에 두 번 수강하는 것이 나의 계획이다. 지금 이 글을 쓰면서 과연 10년 후에도 다닐 수 있을까? 생각해 본다. 10년이란 시간은 눈 깜짝할 사이에 지나갈 것이다. 일주일에 한 번 이웃과 함께 명상을 하고 주중 4일은 자유롭게 움직인다. 하루쯤은 집에서 쉰다. 그렇지 않으면 과로가 올 것 같다. 백수가 과로로 돌아간다는 우스갯소리가 있다. 가능하면 일주일, 한 달, 계획표를 그때그때 짜서 움직인다. 나이가 들면 과로가 제일 위험하다는 것을 보았다. 100세 시대라 하지만 85세를 기준으로 나의 살아갈 시간을 정했다.

85세라 하면… 큰아들은 엄마 10년만 늘리면 안 될까? 한다. 아들에게는 이런 숫자를 기록하는 것이 조금은 미안하다. 찡하게 다가오는 아련한 혈육의 슬픔이라고 할까? 앞으로 10년, 건강하게 하고 싶은 일 하면서 아름답게 살고 싶다. 자유로운 시간이다. 그동안은 주부 역할만 하며 살았다. 지금은 주부 정년퇴직이란 말을 스스로 만들어 자유로운 여인으로 살고 있다. 글을 쓰는 것은 내가 숨 멈출 때까지 할 수 있다는 점에서 만족스럽다. 그냥 쓰고 싶어 하는 것이다. 어제도 내일도 아닌 오늘을 살아가는 나만의 이야기.

독일은 한 달 기초연금이 1백5십만 원, 우리나라는 3십만 원이라고 한다. 셀프 부양? 스스로 이것을 지키려고 노력한다. 건강하게 살다가, 단 3일만 아프다가 내가 살고 있는 집에서 편안하게 돌아가고 싶다는 원을 세운다. 움직이는 것이 살아 있다는 것이기에 열심히 움직이려고 정진 중이다. 취미생활을 하고 좋아하는 일을 하면, 힘들지 않게 즐기면서 살 수 있다. 산책하며 나만의 주문을 외운다.

    나는 행복하다, 건강하다, 볼 수 있다, 들을 수 있다, 느낄 수 있다, 걸을 수 있다, 이 순간 모두가 감사하다, 파, 피, 푸, 페, 포, 라, 리, 루, 레, 로 나만의 건강을 다스리는 주문이다. 입술 움직임과 혀, 두뇌 운동이다.

    '명견만리'에서 다룬 다큐 내용을 보고, 감사하는 마음으로 내 생각을 쓰고 있다. 내일 일은 아무도 모른다. 내 노후는 내가 책임진다. 나는 셀프 부양자다.

합창 워크숍에
동참한 날

　우면산 관문사에 처음 가는 날이다. 지혜로운 여성개발원에서 진행하는 양성평등 가족명상 대 합창 워크숍이 있었다. 도반들과 한마음으로 율동도 하고 마음속에 간직한 말들도 시원하게 할 수 있는 대자유의 시간이었다. 그림으로, 율동으로 표현하는 시간도 있었다. 연령층이 다양했지만, 함께 어울릴 수 있어서 기쁜 시간이었다. 집중하여 걷는 명상도 다양하게 표현했다. 눈이 많이 쌓인 곳을 걸어가는 동작을 표현한 것이 참 특이했다. 나의 그림자를 볼 수 있는 사유의 시간도 있었다. 빛이 있어야 그림자도 선명하게 나타난다. 나의 그림자는 어떤 모습일까? 나의 이면에 욕구, 이기심,

드러내고 싶지 않은 감정 등등. 진정한 자아를 다독이며 나 자신으로 살아가는 치유와 다독임의 시간이었다. 잠시 쉬는 시간, 공간을 벗어나 밖으로 나가니 예쁜 수련이 우리를 반기며 활짝 웃고 있다. 자연의 색은 이렇게 아름답다. 우리 모두 한곳으로 수련을 바라보는 데 집중했다. 생활의 주인공들이 모인 일곱 빛깔 무지개가 피어난 아름다운 날이었다.

다양한 세상살이

하늘을 우러러 한 점 부끄럼 없는 삶을 살아가는 사람이 있을까?

친구의 이야기를 들어주는 시간을 가졌다. 이런저런 일들을 들으며 나는 도덕적으로 얼마나 반듯하게 살아가고 있는지 되돌아보는 시간이 되었다. 코로나바이러스도 남이 겪는 이야기로만 듣다가 내가 직접 아파 보니, 이런 고통이구나 하고 알게 되었다. 살면서 사람과 사람 관계가 제일 중요하다. 이 아침 친구를 생각하며 나를 돌아보는 시간을 갖게 되었다. 만약 내가 친구의 입장이라면 어떻게 했을까? 친구의 이야기를 들은 후에 분노가 치밀었다. 남자와 여자의 관계에 따른 사랑의 흔적이라고 할까? 이런 일들이 사람 사는 세상에 비일비재할 것이다. 겉으로 표현하지 않고 참기 때문에 묻혀 있을 뿐인데, 양심 없이 변명만 하고 다니는 상대, 왜 내가 이런 일에 마음 아파하고 있을까? 몸도 마음도 아픈 친구가 하루속히 치유되어 정상으로 돌아오길 바란다.

하늘 아래 좋은 일들만 이어진다면 얼마나 좋을까? 유일하게 고백하고 비밀을 지켜 주기 바라는 친구가 있다는 것 자체에 머리 숙인다. 모든 것이 그 친구의 바람대로 이루어지길 바라는 아침. 친구야 고맙고 미안해, 나의 노력이 마음치유에 도움이 되었으면 좋겠다. 이 아침 윤동주 시인의 서시를 생각한다.

> 하늘을 우러러 한 점 부끄럼 없기를
> 바람에 이는 잎새에도 나는 괴로워했다
> 별을 노래하는 마음으로 모든 죽어가는 것을 사랑
> 해야지

그리고 나한테 주어진 길을 걸어가야겠다
오늘 밤에도 별이 바람에 스치운다

나를 되돌아본다. 친구의 일이 나의 일이었다면 과연 어떻게 행동했을까? 수많은 사람이 서로를 소중하고 귀하게 대한다면 가슴 아픈 일을 겪지 않아도 될 것이다. 이야기를 듣고 나부터 점검하고 마음을 다스리는 시간이 되었다. 아픔을 함께 나누는 우리가 되길 바란다.

시절 인연

아름다운 인생 학교 동영상 촬영 두 번째 강의 날이다. 모르는 것을 알아가는 배움의 뿌듯함이 있다. 숨 멈추는 시간까지 배움이라고 생각한다. 숨 쉬는 방법도 배우고 나니 헐떡임 없는 평온함과 여유로운 마음으로 생활할 수 있다. 다큐 영화 제작을 배우며 모든 일에는 시절 인연이 있다는 것을 생각한다.

맑은 날 구름 사진을 찍어 보내주신 원장님과 동영상을 찍기로 했다. 원장님이 비가 오나 눈이 오나 20여 년을 변함없이 찾아갔던 구치소에 인연이 되어 함께 가게 되었다. 나에게 같이 가 볼까? 하시기에 쾌히 승낙하고 3주가 지나 있었다.

서울구치소, 나도 한동안 교정위원으로 활동한 적이 있기에 교도소 출입이 낯설지는 않지만 이곳은 처음이었다. 원장님은 긴 시간을 한 사람의 수용자가 정진할 수 있도록 등불이 되어 주었다. 그런 정성 덕분에 계란 화가가 된 사람이 있다고 했다. 제한된 공간이지만 그 사람이 쉬지 않고 끝없이 정진한 결과였다. 그동안 코로나 때문에 정해진 날 찾아가지 못하다가 비로소 가게 되었다.

　그 화가를 주인공으로 동영상 다큐를 만들게 되었다. 처음 가는 곳에서 다큐를 찍어야 하니 설레기도 하고 걱정도 된다. 하늘 아래, 이 시간에도 누군가는 태어나고 돌아가는 생노병사(生老病死)의 연기(緣起)가 끊임없이 이어진다. 인연이란 우연도 있고, 필연도 있다. 항상 좋은 인연이 된다면 얼마나 좋을까? 살아가는 길은 달라도 하루라는 시간은 누구에게나 공평하게 주어져 있다. 또한 끊임없이 노력하면, 결과가 좋다는 것을 보여주고 싶은 마음이다. 그 사람도 교도소란 제한된 공간에서 긴 세월 무엇인가 이루어낸 기쁨을 나름대로 느끼고 있을 것이다. 내가 날마다 한 꼭지의 글을 써 나만의 기쁨을 느끼듯이 말이다. 항상 감사와 겸손으로 오늘을 맞이한다.

모든 일은 시절 인연이 있는 것 같다. 나만의 첫 다큐에서 사람과 사람의 훈훈한 관계를 보여주고 싶다. 또한 무엇이든 할 수 있다는 도전정신으로 첫 영상 작품을 만들려는 나를 토닥토닥해 주고 싶다.

존경과 감사의 날

10시 28분 전화가 왔다.

"교수님 어디신가요?"

"지금 택시 타고 가고 있어요. 곧 도착해요."

약속 장소에 도착하니 담당 교도관이 기다리고 있다. 우리는 소지품을 사물함에 두고 안내자의 뒤를 따라 들어갔다.

마침 교정의 날에 작품을 내기 위해 준비 중이라며 그림을 그리던 세 사람이 인사를 한다. 자연스럽게 작품을 볼 수 있었다. 원장님은 간단명료하게 창의적인 작품을 만들도록 이야기한다. 사진을 보고 묘사하는 것도 좋지만, 안 보고도 그릴 수 있도록 해야 하고, 핵심을 나타내고 싶은 것만 선명하게 그리고 명암 배열도 해야 한다고 알려 준다. 역시 시각디자인 교수님이라 다르다는 것을 느꼈다. 강직하고 성실한 교수님의 모습이 전수받는 사람들에게 자연스럽게 나타나는 것이 신기하다.

계란 화가가 된 사람도 강한 정신력을 소유한 것 같다. 수용자가 되어 긴 세월 이곳에서 살아가는 사이에 가족들은 돌아가시고 그림을 그리지 않았다면 지금쯤 자신도 이 세상 사람이 아니었을 거라며 술술 이야기한다. 그 모습에 화가의 자부심과 당당한 자신감도 보인다. 화가는 교수님을 자신을 위해 하늘에서 보내주신 천인이라고 말한다. 호랑이 스승인 원장님은 긴 시간 자신을 만나러 오셨지만, 동행자가 있었던 건 오늘이 처음이라는 이야기도 한다. 시각디자인을 전공한 이인자 원장님은 교수 시절 호랑이 스승이라 소문이 나 학생들이 '살인자'라는 별명으로 부를 정도로 혹독하고 매섭게 제자들을 가르쳤다고 한다. 그런 지도 덕분에 오늘 만난 화가도 그림 그리는 다른 수용자들이 모이면 자신이 그리는 방법을 알려 주기도 한다.

어색함이 덜하게 되자 이곳에 오게 된 사연들을 자연스럽게 이야기한다. 그동안 코로나로 보지 못하는 사이, 허리가 아파 밖으로 후송되어 병원에 입원했었다는 이야기, 병원에서는 이틀만 늦게 왔어도 죽었을 거라고 했고 담당 의사가 친절하게 잘 대해주어 고마웠다고 한다. 지금도 그는 휠체어를 타고 이동해야 하고 오후에는 병원에 가는 날이라고 한다. 이런저런 이야기를 나누며 여유 시간을 보내고 12시가 되기 전에 우리는 구치소를 나왔다.

수용자와 인연이 닿은 것이나 전혀 관심도 없던 사람이 한가지 그림에만 몰두할 수 있도록 한 것이나 모두 인연의 힘이 아니었나 싶다. 원장님은 화가들에게 필요한 이론도 알려주지만 날마다 그리는 것이 중요하다고 말한다. 그림을 잘 그렸다, 못 그렸다보다 꾸준히 하는 것이 중요하다는 원장님. 수용소 안에서 화가가 된 그는 계란 그림을 그린 지 7년 만에 첫 작품을 출품해 대상을 받았다고 한다. 화가의 정신력과 그에 맞게 지도한 스승이 있었기에 가능한 일이었을 것이다. 오늘은 모든 사람에게 존경과 감사의 마음이 가득한 날이다.

나의 취미는 글쓰기

날마다 아침 시간에 한 꼭지의 글을 쓰기 시작한 지 일 년이 지났다. 제목을 정하면 그다음은 내 생각을 표현하게 된다. 나의 취미는 글을 쓰는 것이다. 하고 싶은 일을 하는 것은 행복이다. 누구와 약속한 것도 아니다. 내가 하고 싶어 나 자신과의 약속을 실천하려고 노력하는 것이다. 어쩌면 숨을 멈추는 날까지 쓸지도 모른다. 일상에서 나만의 추억이 될 일을 쓴다. 유익한 글이면 좋으련만 뜻대로 되지는 않는 것 같다.

네이버에 감사한다. 날마다 쓰는 글을 제목으로 검색해 보면 블로그에 다 올라가 있다. 잘 살아야 한다고 생각한다. 그동안 책 두 권을 냈다. 한 권은 종이책 『행복 자루』, 나의 자전적 수필이다. 전자책으로 『일상을 명상처럼』 그리고 『행복 자루』도 나왔다. 『일상을 명상처럼』은 처음 블로그를 배워 3개월간 쓴 글을 그대로 전자책으로 만들었다. 지금까지 블로그에 쓴 글이 전자책 몇 권을 만들 분량이 된다. 그러나 귀한 시간 내어 읽는 독자에게 도움 되지 않을 것 같아 그냥 블로그에만 쓰고 있다. 종이책도 마찬가지다. 학문에 필요한 책이 아니면 공해다. 나의 만족감으로 책을 내기는 했지만, 나부터 책 읽는 것이 쉽지 않다.

바쁘게 살아가는 현실에서 왜 바쁘게 살고 있는지 뒤돌아볼 수 있는 명상을 하기에 참 감사하다. 즐겁게 살 건지 괴롭게 살 건지 그건 나의 선택이다. 그 선택을 글쓰는 것으로 정한 것이다. 누가 읽어주든 안 읽어주든 쓰는 데 목적이 있다. 일 년 전에 쓴 글을 읽어보면서 만약 내가 쓰지 않았다면 그때 일을 어디에서 찾아볼 수 있을까 생각하게 된다. 산책하며 파란 가을하늘을 쳐다보고 활짝 웃는다. 이 행복한 순간에 이웃에 사는 분이 전화를 주셨다. 며칠 친척들이 와 바삐 지내다 보니, 내 글을 못 읽어 한꺼번에 읽었다고. 이번 주에 쓴 글은 쉽게 읽히는 문장으로 날마다 글이 향상되고 있다면서 칭찬해 준다. 매일 무슨 글이 올라올까 궁금해진다고도 한다.

요즘은 유튜브가 잘 되어있다. 나도 주방에서 일할 때는 유튜브를 듣는다. 블로그 글 읽는 것도 정성이 들어가지 않으면 읽을 수 없다. 평범한 나의 일상을 진솔하게 쓸 뿐이다. 그것도 연령대가 비슷해야 공감이 될 것이다. 한 사람의 방문객만 있어도 감사한 일이다. 나의 만족감에 꾸준하게 쓰고 있다. 우리 나이에 블로그 사용하는 사람이 많지 않다. 오늘은 코스모스가 만발한 동네 어귀에서 두 송이만 돋보이게 찍었다. 글을 쓰다 보니 사진도 관심 있게 찍게 된다. 참 곱다, 하며 감탄한다. 얼마나 기쁜 일인가. 무엇인가 할 수 있다는 자신감이 생긴다. 이런 시간은 나의 익어가는 시간들이다. 누구와 의가 상할 일은 하지 않고, 모든 사람을 소중하게 대하려고 노력한다. 입가에 웃음을 머금고 날마다

임순덕

좋은 날로 살아가려고 정진 중이다. 이만하면 나의 일상은 감사와 축복으로 가득하다. 또한 반듯한 생활을 해야 한다고 스스로 다짐한다. 네이버에 내 이름을 검색하면 두 권의 책이 올라온다. 글은 칼보다 강하다. 한 점 부끄럼 없는 어린아이처럼 천진하게 살고 싶다. 보면 보는 대로 아름답고, 걸을 수 있으므로 움직이는 것이 감사하고, 말을 아껴 고운 말만 하려고 노력한다. 해가 되는 글이 아니라 유익한 글이 되면 참 좋겠다. 하루 일상 중 감사한 시간을 기록하는 것에 지나지 않지만, 일상을 단순하고 소박하게 살면서 느끼는 기쁨 가득한 일, 나의 글쓰기.

인생은
놀이터다

계절의 변화를 무엇으로 느낄까. 아침저녁 조금은 싸늘하다. 마당에 느티나무가 물들어간다. 인생은 놀이터다. 무엇을 꿈꾸며 살고 있을까. 나무들도 각각 다르다. 모양, 크기, 색깔 등등 보는 사람에 의해 돋보이기도 한다. 집 앞에 몇 종의 식물들이 정원을 이루고 있다. 사계절 변하지 않는 소나무는 겨울에 더 돋보인다. 다른 나무들이 앙상한 모습으로 나목이 되어있을 때 당당하게 서 있는 소나무를 좋아한다. 봄이면 꽃이 피고, 여름이면 초록의 신선함으로, 가을이면 곱게 물들어가는 나무들에서 계절의 민감함을 느끼게 된다. 겨울에는 하얀 눈이 온다. 보기만 해도 아름다운 순백의 눈이다.

느티나무가 곱게 물들어간다. 벌써? 가을을 여실하게 보여주고 있다. 평온하다. 시간의 흐름에 순응하자. 오면 오는 대로 가면 가는 대로 그런 시간 속에 무엇을 위하여 오늘도 열심히 움직이나, 생각하는 시간이 되었다. 사람 관계도 마찬가지다. 오면 오는 대로 가면 가는 대로 받아들이자고 다짐해 본다. 모두가 나의 마음을 이해하고 받아들인다는 것은 힘든 일이다. 손바닥도 마주쳐야 소리가 난다고 한 손으로는 소리를 낼 수 없다. 소나무와 느티나무가 어울려 이 가을을 생각하게 하는 아침이다. 소나무는 소나무대로 느티나무는 느티나무의 모습으로 아름다움을 주고 있다. 사람도 그러하리라. 각각 다름을 아름답게, 넓은 마음으로 받아들인다.

　키가 작은 소나무는 소나무대로 보는 이들을 기쁘게 해 준다. 아주 작은 풀을 볼 때도 신비로움에 빙그레 웃는다. 생명의 신비함, 보고, 느끼고, 생각하는 것이다. 각각 다름이 모여 조화로운 정원을 이루듯이 사람들도 각자의 능력을 발휘하며 살아간다. 그 사람의 정신세계가 일상으로 나타나는 것이 현실이다. 어떤 정신인가는 지금 삶의 현장에 어떻게 적응하며 살고 있는가로 보여준다. 긍정과 부정, 시간의 연속성을 어디에 두고 어느 방향으로 관심 두고 살아가는가에 따라 긴 세월이 지난 후 그 사람의 그릇에 무늬가 새겨지는 것 같다.

하늘 아래 존재하는 귀한 생명들이 오늘도 무엇을 위해 바삐 움직이는지 저 나무들이 말해주고 있다. 오늘은 어디에 시간을 투자하기 위해 움직일까 생각하는 아침, 손자를 보러 간다. 그리고 여성개발원 모임이 있어서 간다. 함께 어울릴 구성원이 있는 인생은 놀이터다. 파란 가을 하늘을 바라보며 숨을 크게 쉰다. 씩씩한 발걸음으로 활짝 웃는 하루를 시작한다.

무주 덕유산 향적봉에서

2부

하루라는 시간이 소중하다

하루라는 시간이 소중하다

그 무엇에도 걸림 없이 살아가려고 노력 중이다. 감사한 하루를 가능하면 이로운 일을 하며 살아가려 한다. 하루라는 시간이 소중하다.

오늘은 한사람과 종일 함께 했다. 2주 전 나는 그에게 한의원을 안내해 주기로 약속했다. 오전에 내과에서 내 당뇨약을 받아야 하는데 그렇게 하자고 했다. 지금까지 살아오면서 이런 날들이 얼마나 될까? 대부분 내 위주로 살았으니 누구를 위해 오롯이 시간을 낸 것이 얼마나 될까? 앞으로는 살아가는 동안 이런 날을 많이 가질 것이다.

이 나이에 만나는 친구는 경쟁의 대상이 아니다. 그런데 상대방은 왜 나를 경쟁의 대상으로 생각하는 것일까. 똑똑한 사람이 왜? 나에게 그런 말을 하고 그렇게 행동할까? 이런저런 행동이 누구를 위해 하는 것일까 생각하게 되었다. 글을 쓰는 것도 시샘하고, 내가 이렇게 사는 것도 시샘하고, 누구에게 칭찬받는 것도 시샘하면서 나를 이중적으로 대하는 사람. 그 사람과 이야기로 풀어야 하는지 안 봐야 하는지 그것이 내 마음의 숙제가 되었다. 그러다가 나는 나를 불편하게 하는 사람 입장에서 생각한 적이 있었나? 나 자신에게 반문해 보았다. 바람처럼 먼지처럼 시샘 없는 일상으로 살아가자. 그 무엇에도 걸림 없이 살아가자.

생각은 생각을 만들어 낸다. 먼지처럼 가볍게 살자. 사람 속에 어울려 살다 보면 이런저런 일들을 겪게 되어있다. 그러나 일주일에 두 번이나 만나는 것이 나는 불편하다. 만나서 있었던 일을 시원하게 이야기하자. 선한 마음으로 베푸는 일과 누구에게 바보처럼 어리석게 당하는 일은 다르다. 생각의 차이일 수도 있을 것이다. 물질이 오고 가기 때문에 일어난 일이다. 이 나이에 어리석게 행동하지 말자. 그러나 흑과 백은 분명해야 한다. 만남이 이어지지 않으면 모르지만, 만남을 계속해야 하는 상황이다. 소소한 일이라고 생각하면 별것 아니겠지만 나와는 다른 점이 있다. 하하하 웃음으로 한바탕 날려 보낼 수도 있는 일이다. 무엇이 꼬여 매듭 있는 상태로 누구와 지낸다는 것이, 나는 편하지 않다. 오늘은 시원하게 만나 이야기로 풀자. 소통이 중요하다. 상대방은 전혀 의식하지 못할 수도 있다. 오는 사람 막지 말고, 가는 사람 잡지 말자. 라는 이야기가 이제는 이해가 된다.

하루 중 8시간을 함께 지냈다. 살아가는 데 건강이 중요하기에 한의원을 안내해 주면서 쇼핑도 하고 차도 마시고 점심, 저녁도 함께했다. 대중교통을 이용해 들어오는데 네 번을 갈아탔다. 그때마다 바로 차를 탈 수 있어서 둘이 마주 보고 한참을 웃었다. 마지막 환승하는 버스를 타기 위해 뛰었다. 소중한 하루, 이런 소소한 일에 기쁨을 느끼며 산다는 것이 행복이다. 나 또한 다른 사람을 위해 도움이 되는 동행을 했다.

　이제는 물 흐르듯 유유하게 자유로운 일상으로 미소 지으며 살자. 여유로운 마음으로 대하면 모두가 아름답고 고마운 대상이 된다. 그 누구도 아닌 내가 주인이 되어 아름답게 살자. 엉켜 있는 이야기를 하려고 전화했는데 받지 않는다. 오늘은 정중히 만나 이야기로 풀자. 서로의 생활이념이 다를 수 있다. 나와 상대방을 똑같다고 생각하지 말자. 마음속에 담겨있는 이야기는 풀어야 한다. 그 누구도 아닌 둘이 풀어야 한다. 상대방을 존중하자. 나에게 맞추려 하면 안 된다. 나는 나만의 천연기념물, 나로 살아갈 뿐이다.

블로그란
현대문명에
감사한다

 신문을 보니 하루 코로나19 확진자 숫자가 60만 명을 돌파했다는 슬픈 소식이다. 그런 소식을 접할 때 노령에 속하는 동네 도반이 나의 글쓰기를 확인하려 네이버 '일상을 명상처럼'을 방문했다. 블로그란 현대문명에 감사한다. 혹여 아프지 않나 하는 조바심과 염려로, 블로그에 손녀와 아들도 방문했다. 고맙다. 다행히 오늘은 명상하는 요일이라 이웃분들과 정진하는 아름다운 날이었다. 어제 뜯은 쑥, 냉이로 전을 부치고, 임 여사는 도토리묵을 만들어 왔다.

 간식으로 따뜻한 보리차와 쑥전도 내놓았다. 올해

처음 먹는 쑥전이라 맛있었다. 그리고 묵을 쫄깃하게 잘 쑤어 오셔서 보기에도 맛있어 보였는데 역시나 음식을 잘하는 임 여사다. 먹는 데서 정이 난다고 입맛 없을 때 이렇게 오손도손 이야기를 나누며 먹는 시간은 즐겁다. 한 사람은 불면증이 심하다. 그래도 건강하게 잘 지내시니 다행이다. 곤드레밥을 하고 양념간장을 맛있게 만들어오셨다. 이런 소소한 일상을 기록하는 '일상을 명상처럼' 블로그에 날마다 아름다운 나만의 추억을 기록할 수 있다는 것도 감사한 일이다. 이런 즐거움으로 코로나 시절을 잘 극복하고 있다.

코로나19 확진자가 연일 사상 최고인 가운데, 사망자가 하루 400명대로 급증했다. 장례식장 수요가 급격히 늘어나 고인을 모실 안치실마저 포화상태라고 한다. 이런 일들로 자녀들은 자녀들대로 부모를 걱정하고, 부모는 부모대로 자녀들을 걱정하며 지내는 일상이다. 언제쯤 이런 걱정 없이 지낼 수 있는 날이 올지 의문이다.

자연과 가까이 있는 우리 동네, 오전 40분, 오후 1시간 명상하고 산책하고 운동기구를 이용해 운동도 할 수 있어 감사하다고 입을 모은다. 날마다 명상하기에 이렇게 건강을 유지할 수 있다고 한다. 우리가 건강해야 자녀들도 걱정 없이 일할 수 있다. 심신이 단련되어 건강하게 날마다 기쁘게 살 수 있다면 이보다 더 좋은 일이 어디 있을까. 85세, 75세, 두 분 도반은 훌륭하다. 마음은 선하게, 몸은 가볍게 그렇게 살자.

24절기 중
네 번째,
춘분

 코로나 누적 확진자 수가 천만 명을 넘는다는 소식이다. 주위에 너도나도 양성판정이라는 소리가 들린다. 우리 가족도 양성으로 일주일 출입 금지의 불편함을 겪었다. 24절기 중 네 번째인 춘분, 신문에는 눈꽃과 봄꽃이 함께 실렸다. 강원도 평창군 대관령에는 봄을 시샘하는 눈이 내려 등산객들이 겨울 정취를 즐기며 산을 오르고, 서울 청계천 매화 거리에는 시민이 만개한 홍매화를 카메라에 담고 있다. 춘분이지만 아침 꽃샘추위가 기승을 부린다. 전국적으로 영하 5도에서 영상 5도 사이로 평년 영하 2도에서 영상 6도 사이보다 1~3도

낮다는 일기예보가 있다. 아침 출근길이 예전보다 한산하다.

코로나로 재택근무가 많은 모양이다. 이른 아침 갈 곳이 있다는 것은 감사한 일이다. 일찍 나가 딸네 집으로 갔다가 오후 볼일을 보고 들어온다. 이런 날이 내게는 살아가는 의미가 있다. 누구에게 도움이 될 시간이 있다는 것은 아름다운 일이다. 재택근무하는 딸에게 고마워, 이렇게 엄마가 와서 도와줄 수 있어서, 라고 말했다. 딸은 빙그레 웃는다. 이런 시간이 내 삶에서 어디쯤 와 있는 것일까 생각해 본다. 음과 양인 낮과 밤의 길이가 같은 날인 춘분.

U3A분당 아름다운 인생 학교에서 영화 '인사인' 뒷부분을 보는 날이다. 일주일이란 시간이 빨리 지나간다. 시간, 돈, 생명이 핵심인 스릴 있는 영화를 보았다. 주인공 윌과 아만다, 각각 다른 환경에서 성장한 남과 여가 함께한 시간은 하루다. 그 시간을 갖기 위해 모험을 했고 그렇게 얻은 시간을 만인에게 나누어주는 내용이다.

우리는 각자 영화 본 소감을 이야기한다. 코디인 양 선생은 'ESG'에 대하여 강조한다. 환경, 사회, 기업지배구조 등등 한 개인도, 사회도, 국가도 실천해야 하지 않느냐는 생각에 모두 찬성했다. 하루였지만 잠시라도 나를 돌이켜 볼 수 있어 감사한 시간이었다. 일부는 집으로 가고 몇 명은 남아 인도 정통 요리를 하는 '강가'라는 음식점에서 맛있는 카레밥을 먹고 아름다운 시간을 보내며 우리 모습을 찍었다. 이런 시간이 살아가는 과정에 윤활유가 된다. 만남이 소중한 때, 비슷한 연령대, 무엇인가 생각하며 실천하는 우리가 아름답게 느껴진다.

기다려지는 금요일

　누군가와 더불어 이로운 시간을 갖는 것은 기쁨이다. 금요일, 사람들은 향래가(香來家)에 들어오자마자 이야기보따리를 푼다. 기다리는 설렘이 있을 때 삶은 아름답다. 만남이 좋아 반찬을 들고 향래가로 오는 모습들이 좋다. 나 또한 반갑게 맞이한다. 순간순간 명상 아닌 것이 없지만, 바쁜 일상 중 일주일에 한 번 만남을 갖는 것은 대단한 인연이다. 불교, 천주교, 기독교 종교는 각각 달라도 오롯한 우리 시간을 갖는 기쁜 날이다. 기쁨도, 슬픔도 내 안에서 피어나는 향기 나는 시간이다.

청산은 나를 보고 말없이 살라 하고
창공은 나를 보고 티 없이 살라 하네
탐욕도 벗어 놓고 성냄도 벗어 놓고
물같이 바람같이 살다가 가라 하네
_나옹선사의 <청산가>

명상은 마음 다스리기다. 자기를 바로 보는 시간, 자기 발밑을 보자. 본래면목(本來面目)이란 의미로 읽는다. 진리를 밖에서 구하지 말고 자신에게서 구하라는 뜻으로 받아들여 내가 좋아하는 글귀다. 좌선, 정진하는 시간은 자연스럽게 입꼬리가 올라간다. 기쁨과 평온함의 시간이다. 우리가 살아가는 세계는 화엄장세계다. 각자의 아름다운 꽃을 활짝 피우기 위해 정진한다. 선하게 사는 것, 누가 만들어 주는 시간이 아니라 스스로 정진하며 기쁨을 느끼는 시간. 천 마디 말보다 한 번의 실천이 중요하다. 날마다 좋은 날이다. 모든 사물을 긍정적으로 보고 느끼고 생각하고 실천하자.

인정받는 시니어 모임이 있다

나이가 들수록 인정받는 것은 좋은 일이다. 품위 있게 익어간다고 할까? 인정받는 시니어 모임이 있다. 아름다운 인생 학교 창립 9회차 정기총회가 있는 날이라 월요일 '영화 속 인간심리' 수업이 쉬게 되었다. 작년에 총회에 참석하고 올해가 두 번째 참석이다. 참석한 분들은 모두 사회 어느 부분에서 한 역할을 했던 사람들이다.

아름다운 인생 학교는 AK플라자 분당점 문화센터에서 시니어가 되어 각자 재능을 발휘하며 코디가 되기도 하고, 학생이 되기도 하면서 함께하는 모임이다. 시니어답게 즐겁게 살면서 하고 싶은 공부를 하는 모임인데 강의료가 저렴하다. 3개월에 3만 원을 내면 세 가지 과목을 수강할 수 있다. 종목은 20여 종이다. 악기 연주, 외국어, 인문학, 미술사, 역사학, 인자만(문화답사) 등등. 하고 싶은 과목을 선택해 들을 수 있다. 나는 영화 속 인간심리와 포토에세이반에 나간다. 이곳과 인연이 닿은 것은 손자를 어린이부 문화센터에 데리고 다니면서부터였다. 몇 년째 다니다 보니 자연스럽게 내 일상이 되었다. 건전하게 배우고 나누며 즐겁게 살아가는 모임으로 모두 화기애애하게 즐거운 분위기이다. 자주 만나다 보니 형제자매만큼이나 가깝게 지내는 친구가 되어 간다.

오늘 정기총회에는 그동안 수고한 교장님과 이사님, 감사님이 바뀌는 날이다. 자리를 놓고 떠나는 사람과 다시 일을 맡은 새로운 이사진 인사가 있었다. 정기총회를 마치며 수고해준 사람에게 감사의 박수를, 새로 소임을 맡은 사람에게는 환영의 박수로 맞이하며 아름답게 마무리했다.

가는 이, 오는 이 모두 칭찬 속에 물러나고 환영받으

며 소임 맡는 모습이 보기 좋았다. 몇 명과 저녁 식사를 했다. 그 자리에서 어느 한 사람이 그동안 수고한 사람들을 위해 저녁 식사비를 냈다. 또 어느 한 분은 찻값을 냈다. 누가 누구를 인정해 주며 베푸는 마음은 아름다운 전통이다. 보이지 않게 익어가며 발전하는 시니어들의 아름다운 인생 학교. 초창기에 뿌리를 내려준 교장님의 보이지 않는 헌신이 있어 우리들의 여가선용이 자리 잡게 된 것에 감사드린다.

목련이 만발한 봄

아침에 어느 블로그에 대구 와룡산 진달래를 보셔요, 라는 글이 올라왔다. 댓글을 달았다. "아름다워요. 기쁜 하루, 덕분에 시작합니다." 저녁에 일을 보고 돌아오는 길목, 목련이 만발한 봄이 거기 있었다. 봄과 함께 다시 시작되는 생명의 순환을 세상 곳곳에서 볼 수 있다

나의 마음에도 봄은 오는가? 전화 한 통을 받았다. 모임에서 나들이를 간다는 내용이었다. 그러나 4월에는 이미 나들이 약속이 많이 잡혀있다. 그래서 반응을 보이지 않았다. 나들이를 적당히 해야 한다는 생각에서였다. 과로하면 코로나19 바이러스에 감염될 것도 염려

가 되었다. 그래서 나의 분수에 맞게 일정을 배분해 움직인다. 하루에 한 가지 일만 보기로 한 것이다. 하지만 나들이를 좋아하는 나는 전화로 이야기를 듣고 나서 가겠다고 했다.

한 사람의 진정성 있는 "등 다독이며 껴안아 주는 것"이 다른 한 사람에게 감동을 주었다고 한다. 말 한마디가, "힘들지요?"라고 했던 그 말이 너무 고마워 보은하는 자리가 되었다고 한다. 상황에 따라 말 한마디가 가슴 깊이 와닿는 때가 있다. 마음이 서로 통했다고 할까? 그 말이 나의 마음에도 와닿았다. 나도 힘들 때 누군가에게 도움을 받았을 것이다. 나는 어땠을까. 다른 사람이 힘들 때 진정으로 따뜻한 마음을 전하며, 위로의 말을 해 주고 행동도 했을까?

하루가 바쁘게 지나간다. 만나는 사람마다 나와 다르다는 것을 인정하고 내 마음을 다독이려 노력한다. 이제는 누군가에게 힘든 사람이 될 필요도 없고, 누군가에게 해가 되는 일도 하지 않으려고 노력한다. 스스로 마음을 다잡으면서 마음을 비우고 한발 뒤로 물러나 행복하게 살아가려고 정진(精進) 중이다.

목련이 핀 봄, 내 마음도 순백의 사랑으로 모든 사람을 기쁘게 반기는 봄이 되길 소망하며 겸허하게 하루를 돌아본다.

봄이 오는 길목, 이런 날도 있다

생명의 순환이 눈에 띄게 드러나는 봄이다. 고운 빛으로 피어나는 진달래가 아름다워 사진을 몇 장 찍었다. 나에게도 저런 시절이 있었겠지!

날마다 산책하는 길옆에 산소가 있다. 청명이 다가오니 자손들이 모여 산소의 잔디를 갈아입히고 있다. 지극한 정성으로 효를 실천하는 모습을 보니 남 일 같지 않고 기분이 좋다. 제사를 모시는 일 때문에 이혼을 하는 젊은이도 있다는데, 조상을 모시는 전통이 언제까지 이어질 수 있을지 의문이다. 먼저 세상을 떠난 남편을 수목장으로 모셨다. '시의 정원'이란 이름을 가진 곳인데, 가족 수목장이라 4대까지는 그곳에 함께할 수 있다. 내가 살아온 세월만큼이나 장례문화도 바뀌고 있다.

전통을 지키는 것도 좋지만 요즘에 맞게 간소하게 추모하고 지내는 새로운 풍습도 좋은 것 같다. 이쯤에서 나를 돌아본다.

3년 전에 사전연명의료의향서를 등록했다. 내가 죽은 뒤에 아이들이 많지 않은 재산으로 티격태격 할 일 없게 정리도 했다. 죽은 다음에 남은 사람들이 아쉬워하는 것보다 살아 있을 때 기쁘게 시간을 함께해야겠다는 생각도 했다. 100세 시대라 해도 내일 일은 아무도 모르니까. 날마다 좋은 날, 가족은 물론 지금 만나는 친구들과 의미 있는 시간을 만들고 싶었다. 그러나 코로나19로 긴 시간 동안 만나지 못하고 그날이 그날인 것처럼 살아가고 있다.

산책을 마치고 집으로 돌아와 마늘 고추장을 버무렸다. 병에 담아 여러 사람과 나누어 먹을 생각이다. 3월의 마지막 날, 계절의 변화도, 우리들의 삶도 물 흐르듯 흘러간다. 성주괴공(成住壞空)이 끝없이 반복되는 가운데 즐겁게 살 건지 괴롭게 살 건지 내 생활을 한 번 더 정리하게 되는 봄이다.

비타민 D가 풍부한 것 무엇일까요

 일 년에 한 번씩 종합 검사를 받기 시작한 지 몇 년이 되었다.
 "정상인보다 비타민 D가 풍부해요. 약을 드시나요?"
 의사가 묻는다.
 아름다운 봄날이다. 나만이 몰입할 수 있는 감사의 시간, 꽃들이 가득한 4월의 길목에서 백화를 만났다. 일 년간 나의 음식 재료로 사용할 백화가 가평에서 택배로 배달되었다. 어느 농부의 정성으로 참나무에서 꽃을 피워 내 손에 오게 된 것이다. 정성스럽게 꼭지를 따고 썰어서 하얀 속살을 해님에게 보여 주기 위한 작업을 하고 있다. 백화 세 관, 많은 양을 손질하려면 8시간 정도가 걸린다. 손질을 마치고 옥상에 3일간 널어 수분을 증발시켜야 한다. 하얗게 말린 버섯을 보면 부자가 된 것처럼 흐뭇하다. 그것을 보관해 두고 일 년간 내가 만드는 음식의 양념으로 사용한다. 깊고 담백한 맛을 내는 귀한 재료로 더없이 소중한 것이 백화다. 아이들에게 나누어 주고 인연 닿는 사람에게도 조금씩 나누어 준다. 내 건강을 지켜주는 풍부한 비타민 D는 농부의 정성으로 자라 풍부한 햇살을 머금고 있는 백화 덕분이 아닐까 한다.

묘하고 묘한 사이,
모자(母子) 사이 1

며칠 전 밤 10시쯤에 아들이 현관 앞에 물건을 놓고 간 사진을 스마트폰으로 보냈다.

"문 앞에 마스크팩 갖다 놓았어요"

나는 밤 10시면 잠을 잔다. 오늘도 변함없이 10시에 불을 껐다. 그런데 잠이 오지 않아 다시 불을 켜고 휴대폰을 보니 아들이 다녀간 것이다.

"왔다 간 거야? 불 끄고 누웠다가 다시 켰는데~~"

"불 꺼져 있길래 놓고 왔어요."

"여기까지 왔으면 벨 누르지… 퇴근길이었니?"

"아니에요, 주무세요."

"조심히 가."

엄마의 단잠을 깨우지 않으려는 아들의 배려심이라고 생각하면서도 아쉬움이 남았다. 집에까지 왔으면 전화를 하거나 벨을 누르지 그냥 돌아가 섭섭하면서도 짠했다. 엄마를 배려하는 한계가 어디까지인지 모르겠다. 워낙 자상하게 잘하는 아들이라 더 짠한 마음이 들었다. 다음 날 아침에 며느리한테 전화가 왔다.

"어머니, 전화 자주 못 해 죄송해요"

"힘들지? 근데 아범이 어젯밤 다녀갔는데 얼굴을 못 봐 서운하다."

"저는 몰랐는데요, 예천에 상을 당한 집에 가면서 잠시 들렀나 봐요. 일행이 있어서 들르지는 못하고." 한다.

"그럼 다행이고. 나는 내가 잠들어 있어서 깨우지 못하고 그냥 돌아갔나 해서 마음이 짠했는데, 그런 이유가 있었다면 이해가 되네."

한동안 얼굴을 보지 못했는데, 얼굴이라도 보여 주고 가지, 하면서도 엄마를 깨우지 않으려는 아들 마음을 알 것 같았다. 아들과 엄마, 모자 관계는 묘하다. 아들에게 좀 더 편하게 대하지 못한 것 같아 아쉬웠다. 물건도 소중하지만, 아들 얼굴 보는 것이 엄마인 나에게는 더 소중하다. 서로를 아끼고 챙겨주려고 하면서도 그 마음을 몰라 주는 묘한 관계, 그게 바로 모자간이 아닐까.

지난번에는 스마트폰을 비행기 모드로 하고 저녁 9시에 잠이 들었다. 엄마와 연락이 안 된다고 삼남매가 한바탕 소동이 난 모양이었다. 그다음부터는 스마트폰을 비행기 모드로 하지 않는다. 이런 통화를 하고 난 지 이틀이 지났다. 오늘 새벽에 독일이라고 카톡이 들어왔다.

"어제 독일 베를린에 왔어요. 과일을 다루는 쪽에서는 세계에서 제일 큰 박람회예요."

"장하다. 근데 힘들겠다."

어디를 다니든 무사히 건강하고 즐겁게 다니길 바라는 것이 엄마의 마음이다. 아들은 엄마인 나에게 무언가 기쁨을 줄 일이 있으면 또 연락할 것이다. 엄마가 마음 쓸 일이면 이야기하지 않을 것이고. 나 또한 엄마인 내가 건강하게 잘 지내길 바라는 아이들을 생각해 날마다 산책한다. 내가 건강해야 아이들이 덜 신경 쓸 것을 알기 때문이다. 오후에는 숲길을 맨발로 걸었다. 진달래가 곧 질 것 같아 친구하며 사진을 여러 장 찍었다. 날씨가 따뜻하다. 비가 한번 오면 언제 꽃이 피었나 싶게 질 것만 같다. 아직 앙상한 나무들 사이에 봄의 신호를 알리는 예쁜 진달래꽃이 있어서 웃음 지으며 걷는다. 숲에서 놀고 있다는 것 자체가 기쁨이다.

묘하고 묘한 사이,
모자(母子) 사이 2

    자연과 친구할 여건이 되어 고맙다. 문밖만 나가면 산이 있다. 숲속을 거닐며 이런저런 생각을 한다. 예전에 하루 휴가를 낸 장남과 광화문에서 만났던 일을 떠올리니 빙그레 웃음이 난다. 남편이 돌아가시고 얼마 안 되었을 때 일이다. 맛있는 점심을 함께하고 대형서점으로 갔다. 아들은 자랄 때 공항동에서 삼남매를 데리고 광화문 서점까지 오가던 내 이야기를 한다. 아련한 추억을 떠올리면서 엄마인 나에 대해 좋은 추억만 기억하는 고마운 효자.

이젠 책도 짐이 되어 사지 않으려 한다. 그날은 어머니 읽고 싶은 책을 사 주겠다 하여 한 권을 구입했다. 모범생이란 말이 나에게는 숙명처럼 따라다니는 것이 싫었다. 그래서인지 책 제목이 눈에 들어왔다. 『후회할 짓도 하며 살아야』, 나이가 나와 엇비슷한 작가의 산문집이었다. 토목학을 전공한 작가가 전공과 다른 책을 써낸 것에 호기심이 갔다. 이런 아련한 5년 전 일들을 떠올리며, 나만의 아름다운 추억을 떠올리는 시간을 가졌다. 묘하고 묘한(母子) 관계. 고맙고 장하고, 엄마가 살아가는 데 버팀목이 되어주어 고마운 아들에게 나는 어떤 이야기든 다 한다. 왜냐면 아들이기에.

3년 만에 개방된 윤중로 벚꽃길

　며칠 전부터 외손자가 이번 토요일에 아빠가 나들이 가자고 하는데 어떠냐고 물었다. 코로나19로 닫혔던 여의도 윤중로 벚꽃길이 3년 만에 개방됐다고 한다.

　나는 사위가 좋아하는 식혜를 만들었다. 나들이에 목이 마를 때 마시도록 하기 위해서였다. 설레는 마음으로 아침의 만남을 기다렸다. 딸이 아침 일찍 집으로 와 나를 태우고 제집으로 가 네 명이 함께 출발했다. 아침 7시, 사람이 많은 시간을 피해 가려고 일찍 나섰다. 점심은 콩국수 잘하는 곳에 가 먹자고 한다. 사위가 여의도 중학교를 나와 그곳을 잘 안다면서. 주차도 몇 시간 있으려면 요금이 많이 나오니까 예전에 살던 동네에 주차하고 벚꽃길을 걷자고 한다. 일찍 출발해 한가롭게 꽃길을 걸을 수 있었다. 2022년 4월 9일 토요일이 의미 있는 날이 되었다. 3년 만에 개방한 윤중로, 첫날 이른 아침이었다.

만개한 꽃들이 우리를 반겨준다. 3시간여, 이 길을 가족이 함께 걷는 기쁨에 사진 찍기 바빴다. 나는 젊음이 마냥 왕성한 사람처럼 이곳을 보고, 저곳을 보며 좋아했다. 활짝 웃는 모습들은 꽃처럼 자연스럽고 아름다웠다.

이런 나들이를 하는 날, 이 글을 읽을 인연 있는 사람들에게 감사한다. 또한 이런 글을 쓸 수 있는 나에게도 스스로 고마운 마음을 갖는다. 아직 건강한 나를 스스로 돌아보는 아침, 기쁠 때나 슬플 때나 가족과 함께할 수 있어 의미 있는 날이다.

영화 '퍼펙트케어'를 본 후 기분이 좀 그렇다

　영국에서 2021년도에 만든 범죄영화, '퍼펙트케어'를 본 후 기분이 좀 그렇다. 주인공의 슈퍼우먼 연기를 잘 보았다. 은퇴자들의 건강과 재산을 관리하는 CEO 말라, 알고 보면 한탕 털이 기업, 먹고 먹히는 양을 잡으러 다니는 사자이다. 치밀한 계획하에 법의 테두리에서 완벽한 말라의 케어 비지니스에 순진한 양은 사자의 타겟이 되었다. 말라는 죽을 고비를 넘기면서 마약 두목과 구사일생으로 살아난다. 살아난 두 사람의 주인공은 동업자가 되어 성공한다. 그러나 처음 좋지 않은 감정으로 등장한 사람에게 감정적으로 죄를 지었다. 그 죄의 값으로 성공을 이루지만 재산을 써보지도 못하고 권총에 맞아 숨을 거둔다. 죄를 지은 사람은 좋은 환경에서 살 수 없다는 것을 알려 주는 영화였다. 주인공 말라는 슈퍼우먼으로 빛났지만, 좋은 일로 앞장섰으면 얼마나 더 좋았을까, 권선징악, 인과응보였다.

우리는 시니어다. 영화감상이 끝난 후 토론을 했다. 우리에게 영화 속 이야기는 남의 일이 아니라는 결론을 내렸다. 건강할 때 건강 지켜 요양원 가지 말자. 좋은 돌봄이란? 인간의 존엄을 유지하는 돌봄. 예방이 최선.

100세 시대라 하지만 내일 일은 아무도 모른다. 모든 사람은 사는 날까지 단 3일만 아프다가 돌아가길 바란다. 뜻한 대로 된다면 얼마나 좋을까, 나 또한 그런 바람이다. 노령인구가 많은 시대에 살고 있다. 어떻게 살아야 삶의 의미가 있는지 스스로 자문자답해 본다. 자신의 소망을 마음껏 드러내면서 기쁘게 사는 날까지 사는 것을 꿈꾸어 본다. 걷기 운동을 밥 먹듯이 매일 해야 한다. 소식 해야 한다. 가능하면 만 보를 걸으려고 노력한다. 그리고 긍정적 생각하기. 같은 사물을 보아도 감사와 사랑으로 대하려고 노력해야 한다고 다짐하는 시간이었다. 왠지 마음이 즐겁지만은 않았다.

친구가 보내준 지리산 수선화 축제 사진을 보면서 마음을 위안하자. 모든 사물을 아름답게 보고 만나는 사람, 사람이 우리 나이에는 소중하다. 서로 다독이면서 기쁘게 살아갈 시간을 스스로 만들고 건강하게 기쁘게 살기를 꿈꾸어 본다.

뒷모습이
아름다운 사람들
누구일까요

    포토에세이반에서 두 번째 나들이 겸 현장 사진을 찍으러 남산에 갔다. 벚꽃이 만개해 하얀 속내를 다 보여 주는 청순한 아가씨처럼 곱고 예쁜 길을 걸었다. 나이도 잊은 듯 마냥 즐거운 표정들이 아름다웠다. 예쁜 꽃에 취해 한 컷 찍는 사람의 뒷모습을 찍었다. 얼마나 아름다운가! 찰나의 자연을 영원히 담기 위해 정성을 들이는 이 모습이 참 좋다.

    긴 시간이 흐른 후 뒷모습이 아름다웠다고 옛이야기 할 수 있는 추억을 담기 위해 몰입하는 모습. 각자의 그릇만큼 꽃에 취한 모습이 행복 그 자체이다. 아무런 시련 없이 보고, 느끼고, 웃음 지으며 이야기하는 시간이었다. 시간이란 관념을 잊은 듯 찍고 찍고 또 찍고, 그런 시간이다.

고목에 피어있는 예쁜 벚꽃이 혹여 지금 사진 찍고 있는 우리를 반기기 위해 피지 않았을까? 생각하며 웃음 짓는다. 우리도 고목에 핀 벚꽃처럼 아름다운 꽃을 피우기 위해 이 순간, 이곳에 발 딛고 서 있는 것은 아닌지 질문해 본다.

역사적인 기록은 네이버를 검색하면 다 나온다. 우리는 우리의 오늘이란 이 시간을 함께하면서 이곳의 공기를 함께 마시며 동행한 것에 더 의미가 있다. 한 발 한 발 걸은 숫자가 2만 보가 넘었으니 우리는 자연의 보약을 마음껏 먹고 기뻐한 참 좋은 날이다. 너를 바라보며 빙그레 웃는다. 우리에게도 너와 같은 생명력이 있기에 이런 기쁜 날을 반기며 걷고 있다. 고목에 핀 너, 바로 우리가 아닐까, 너를 바라보며 아름답다는 마음을 낼 수 있는 여유의 시간, 익어가는 시간을 만들어 온 우리들의 삶이 너를 보며 겸허해진다. 각자 아름다운

한 송이 꽃들이다. 인연이란 만남, 이 순간 우리의 영혼이 한곳에 집중되어 짤깍, 기쁜 하루, 즐거운 하루를 보낸 우리들의 뒷모습이다.

미래의 꿈나무들, 화상 공개 수업을 보았다

　새벽 꽃길을 걸으면 참 좋다. 며칠 사이에 완전히 꽃길이 되었다. 함박웃음을 머금고 사방을 두리번거리며 행복 속에 새벽을 맞이한다. 발걸음 가볍게 손자를 보러 간다. 딸이 코로나로 재택근무를 하고 있기에 가족들 얼굴을 보러 내 시간에 맞추어 일주일에 한 번 간다.

　마침 오늘은 4학년 손자의 국어 수업 화상 공개가 있는 날이다. 딸은 아들의 공부하는 모습을 보며 싱글벙글한다. 나 또한 옆에서 보니 기특하고 신기하기는 마찬가지다. 4학년이면 고학년인데 손자가 아기처럼 보인다. 오늘 아침에도 나는 손자를 한번 업어 주었다.

나는 손자를 업을 수 있을 때까지 업어 주고 싶다. 이제는 쉽게 업을 수 없어서 침대에 올라간 상태에서 업는다. 손자는 할머니 힘들다고 업히지 않으려고 하는데, 언제까지가 될지 몰라 나는 자꾸 업어 주고 싶다. 5학년이 되면 못 업어 줄 것 같다.

"여자친구 생기면 할머니에게 제일 먼저 말해주세요."

손자는 "네" 하고 대답한다.

손자는 제 엄마 머리도 자르지 못하게 하고 옷도 단정한 옷만 입기를 원하고 엄마에 대해 관심이 많은 4학년이다. 그러나 할머니 눈에는 그냥 아기 같다. 반찬을 만들어 주고 온 날은 꼭 전화해 할머니 반찬 맛있어요, 한다. 먹는 음식도 유전인지 큰아들이 숙주나물을 좋아하는데, 외손자도 숙주나물을 좋아한다. 김치도 잘 먹는다. 반찬을 가리지 않고 잘 먹어 더 예쁘다.

한 반에 26명이 국어 수업하는 과정을 볼 수 있었다. 발표 시간이 되어 돌아가면서 본인의 좋은 점과 나쁜 점에 대해 부모님 의견을 숙제로 써와 읽는 순서였다. 그리고 친구가 친구의 좋은 점을 쪽지에 써 돌아가며 이야기하는 수업이 진행되었다. 미래의 꿈나무들이 하는 수업을 볼 수 있었다. 나의 딸이 초등학교 4학년이었을 때는 걸스카웃과 아람단이 있었는데 지금은 코로나로 자유롭지 못한 학교생활이 이어지고 있다.

  오늘부터 야외 마스크도 자유롭게 하고, 거리 제한도, 음식점 영업시간도 자유롭게 풀린다고 한다.

천진한 웃음은
기쁨이다

 화창한 봄날 카톡에 사진이 들어왔다. 천진한 웃음은 기쁨이다. 야구유니폼을 입은 손자들이 귀엽다. 외손자와 친손자가 나들이를 갔나 보다. 예전에 아들이 야구복 입고 찍은 사진을 찾아보았다. 남편이 야구를 좋아해 중학교 때는 아들이 야구선수였다. 그 이후 직장생활 하면서도 직장 야구부 활동을 했었다. 취미로 큰아들과 똑같이 야구복을 입고 다녔던 옛 생각이 난다. 그 사진도 어딘가에 있을 텐데 찾기가 어렵다.

 겨우 찾은 사진은 딸과 막내아들이다. 아빠 옷과 형의 옷을 입고, 개구진 표정으로 찍은 것이다. 그런 딸과 아들이 각기 결혼한 뒤 아이들을 낳고 그 아이들이 야구복을 입고 야구를 보러 간다. 3대째 연이어 취미로 야구를 보러 가는 사랑스러운 장면이다. 이런 것을 보고 대물림이라고 해야 할까? 보이는 것과 보이지 않는 것의 공존, 남편이 살아 있었으면 얼마나 좋아하며 손자들을 데리고 다녔을까? 남편은 성악도 즐겨 해 삼남매 모두 피아노는 기본으로 치도록 했다. 피아노 뒤에는 '나에게 이러한 자녀를 주시옵소서'라는 맥아더 장군의 기도문을 걸어 두었다. 언젠가 선물로 받은 것이다.

지나간 일들이 새록새록 생각난다. 위에 형님들이 항상 그때가 좋은 때다, 하고 말씀하시는데 그때는 전혀 느끼지 못하고 살았다. 이 나이가 되고 보니 그때가 다 그리울 때이고 좋은 때였다. 모든 일은 겪어봐야 알게 된다는 것을 생각한다.

화창한 봄날 고맙다. 건강한 모습으로 잠실올림픽주경기장에 들어가는 아이들 모습이 사랑스럽다. 마음껏 즐기고 이상은 높고 생활은 검소하게, 건강하게 무럭무럭 성장하길 할머니는 기도하겠어요.

연초록의 계절,
모두가 아름답다

첫차를 타고 나가는 마음은 즐겁다. 할 일이 있고, 갈 곳이 있어 기쁘다. 새벽 6시 30분, 서현역 주위를 돌아보니 연초록의 계절, 모두 아름답다. 길 건너 메타세쿼이아의 연초록이 눈에 들어온다.

봄꽃이 만발하고, 연초록의 생명들이 기쁘게 활짝 웃으며 반겨주는 아침이다. 곱다, 아름답다, 예쁘다, 빙그레 웃는다. 아침의 산뜻한 공기와 보이는 자연의 고마움으로 활짝 웃는다. 발걸음도 가볍다. 연초록으로 싱그러운 이 아침, 감사~감사! 볼 수 있고, 걸을 수 있고, 느낄 수 있다는 아름다움이다.

와~ 새벽 공기 마시며, 이런 길을 걸을 수 있다는 것은 고마운 일이다. 아름다운 이런 길을 기쁘게 걷고 있다. 요즘은 어느 곳이나 산책로가 아름답다. 아파트 단지마다 곱고 예쁜 꽃들이 만발해 있다. 연초록이 제일 아름다운 길을 걷는 이 순간은 나만의 추억이다. 얼마나 아름다운가! 손자가 다니는 학교길이다. 찍고, 또 찍고 사진을 찍는다. 그 무엇과도 비교할 수 없는 행복한 순간이다. 연초록의 싱그러운 계절 모두 아름답다. 만물의 영장인 사람도 다 소중하고 아름답다.

재가 여성불자의 아름다운 동행

건강한 사회를 구현함을 목적으로 자비롭고 지혜로운 여성 인재를 발굴, 육성하는 재가 여성불자회, 초대 원장님부터 5대 원장님까지 참석한 이웃과 동행하는 아름다운 모임이다. 2년에 한 번씩 선정된 여성들은 사회 다양한 분야에서 활동하는 사람들이다. 나도 제10차 환영 워크숍에 참석했다. 초대 원장님도 20년이란 시간이 흘러 이제는 백발이 되셨다. 화창한 봄날, 모처럼 반갑게 모인 자리. 최근에는 십시일반 동참하여 우크라이나 대학생들에게 장학금을 전달하였다. 무주상보시를 실천하여 이웃을 이롭게 하는 모임인데 코로나로 행사가 중단되었다가 모처럼 워크숍을 열게 되었다.

더불어 함께 선한 일을 실천하는 모임

앎을 실천하는 아름다운 동행

배우면서 수행하는 여성 단체

    나도 이롭고 타인도 이로운 보현행을 실천하자. 겸허하고 자비로운 마음을 실천하는 우리, NGO 활동으로 선정된 나는 지금 무엇 하는 사람인가 스스로 반문해 본다. 명상하는 사람? 더불어 함께 맑고 고운 행을 실천하는 우리. 그동안 손자 돌봄으로 활동하지 못했던 나에게는 새롭게 발을 내딛는 의미 있는 날이다. 부디 나의 발걸음이 선한 행으로 나아가길 발원한다.

오늘은
기쁜 날

경북 문경 희양산에 있는 봉암사는 천년고찰로 한국 선불교의 상징이다. 조계종 특별선원으로 부처님오신날에만 개방하는 유일한 사찰이다. 오늘은 기쁜 날이다. 그 부근에 세계명상마을 개원식이 있고 제4회 간화선 대법회도 있는 날이다. 명상하는 사람으로 당연히 가보아야 한다. 전체가 완공되지는 않았지만, 부분 불사를 하여 일주일간 법회가 진행될 계획이다. 산세 좋은 간화선 도량이 많은 사람에게 힐링의 공간이 되고 세계인들이 사색할 수 있는 공간이 되길 발원한다.

이곳에서 반갑게 만난 비구니스님과 다정하게 사진을 찍었다. 감사와 반가움의 순간, 옛 스님을 만나니 옛 일들이 새록새록 생각난다. 모든 사람은 존귀하고 평등하다. 이곳이 누구든 쉬어가는 평화로운 공간으로 거듭나길 바란다. 자기를 바로 보며, 자기만의 의문점이 쉽게 해결되는 즐거움과 기쁨의 공간이 되었으면 하는 바람도 있다.

산에 핀 예쁜 꽃

산에 핀 예쁜 꽃을 자세히 본다. 세 장의 꽃잎이 사이사이 겹쳐 핀 보라색이다. 발길을 멈추고 사진을 찍는다. 야생 붓꽃인 것 같다. 어디에서 이런 예쁜 색이 만들어졌을까? 신기하다. 난잎처럼 가느다란 초록 줄기와 보라색 꽃잎이 참 아름답다. 어디만큼 갔는데 또 무더기로 피어있다. 산속에 피어있는 이 꽃 이름을 정확하게 알고 싶었다. 식물 박사에게 물어보니 각시붓꽃이라 한다. 외떡잎식물, 백합목 붓꽃과의 여러해살이풀. 산지 풀밭에서 자란다. 한참을 가니 또 있다. 이렇게 보고 저렇게 보아도 참 곱다. 한참을 친구 보듯 바라보았다. 작은 야생풀이 예쁜 색의 꽃을 선물해 주어 고맙다.

내려오는 길에는 하루나를 뽑지 않고 두어 꽃이 예쁘게 피어있었다. 하루나는 유채꽃이다. 예뻐서 또 한 장을 찍었다.

연초록의 계절, 봄꽃이 만발해 주위 풍경이 아름답다. 철쭉도 만발했다. 우리 집 축대 사이사이에도 붉게 물들어 있다. 보고 또 보아도 지치지 않는 꽃들이 고운 마음을 내도록 선물해 주는 것 같다. 지금은 비가 내리는 이른 아침이다. 어제 예뻤던 꽃들이 비에 아름다운 모습을 잃어버리게 될 것 같다. 농부의 손길도 바빠질 것 같다. 아름다움은 잠깐 사이 지나간다.

기록한다는 기쁨

　보고, 듣고, 느끼고, 생각하며 무엇을 기록한다는 것은 기쁨이다. 거기에 동행자들과도 편안한 관계라면 하루를 잘 보낸 것이다. 숲속의 철쭉은 색이 연한 분홍으로 보는 이의 마음을 즐겁게 해 준다. 예쁘다고 곱다고 하면서 이런 꽃길을 걸을 때 천사가 된 것처럼 행복하다. 어찌 숲속의 산길도 아름다운 길만 있겠는가, 힘들고 가파른 길도 있다. 오직 발밑만 보며 몰두해 한 발 한 발 정성스레 올라간다. 오직 걷는다. 다치지 않도록 한 발 한 발 발밑만 집중하다가 평지가 나오면 반갑다.

　우리의 인생살이를 산행에서 되돌아보게 된다. 평지만을 걸으면 지루하다. 오르고, 내리고 굴곡이 있어야

산을 오르는 맛이 있다. 내가 살아온 길도 그런 길이 아니었는가? 지금의 평화로움은 이런 길을 걸어왔기에 가능하다. 축령산에 식물 박사 두 사람이 동행했다. 그 사람들이 심 봤다고 즐거워하니 나도 한 발 한 발 걸으며 덩달아 심본 날이 되었다. 이런 취미생활 하는 사람과 동행한 것은 잘한 것 같다. 무조건 걷는 것도 자연에 심취하는 고마운 시간이지만, 누군가와 함께 호응하면서 한 발 한 발 새로움을 찾아내는 순간도 큰 기쁨이었다.

여러 식물을 보았다. 홀아비꽃도 있고, 처녀치마란 이름을 가진 식물도 알려 주었다. 노랗고 예쁜 꽃에 줄기가 늘씬한 풀이름은 '피나물독초'다. 줄기가 빨간 핏빛을 띠는데, 나물이란 이름이 붙었으나 나물로 해 먹으면 안 된다고 한다. 사극에 나오는 사약을 만들 때도 사용한다고 한다. 이곳에는 많은 식물이 서식하는데, 아무것도 모르는 상태에서 새로운 이름을 알게 되니 신기하고 즐거웠다.

연초록의 자연을 보며 감탄했다. 사람들의 모습이 제각기 다른 것처럼, 식물들도 각자 이름값을 하고 살아간다. 사람도 풀도 소중하다는 생각을 한 시간이었다.

내 이름은? 누가 알아주든 그렇지 않든 순리대로 물처럼 흘러가는 한 점 바람일 뿐이다. 그 바람으로 먼지처럼 가볍게 살아가려고 정진 중이다. 1박 2일의 나들이 동안 친구들과 오늘이라는 시간을 정진하며 보냈다. 지상낙원에서 지내다 돌아오는 발걸음은 가벼웠다. 동행자들과 편안해야 즐거움이 배가 된다는 것을 알게 해준 시간, 건강하기에 자연과 더불어 함께할 수 있어서 더욱 감사한 시간이었다.

오월은
행복한 달

　행복을 아는 것은 지혜이다. 이런저런 일들이 많다. 오월은 행사가 많은 행복한 달이다. 숲속은 연초록 잎들이 우거지고 그늘이 생겨 걷기에 좋다. 기분 좋게 걸으면 기분은 상쾌하고 행복감을 느끼니 몸도 가볍다. 이런 자연스러운 행복을 느끼며 사는 것이 지혜가 아닐까? 골프를, 헬스 스포츠센터를 가지 않아도 자연과 더불어 생각하며 걸을 수 있는 주위 환경이 있어 감사한다. 모처럼 맨발 걷기를 한 후, 이웃 어머니와 사우나에 다녀오면서 길가에 예쁘게 심어놓은 꽃잔디와 팬지가 예뻐 사진을 한 장 찍었다. 사방이 꽃으로 장식돼 있다.

내 집 담장에도 철쭉이 만발해 사진을 찍었다. 이런 행복을 무엇으로 비교할 수 있을까?

돈과 행복의 관계는 어떨까? 행복은 소득의 양보다 어떻게 소비하느냐에 달려있다. 생활은 주머니 사정에 맞게 살아가는 것이다. 윗분들이 없으니 손자들을 챙겨야 하는 오월이다. 어린이날, 어버이날, 스승의 날이 있고 일반적인 날이지만 부처님오신날, 성년의 날, 부부의 날, 생물다양성의 날, 바다의 날 등도 있다. 근로자의 날은 5월 1일로 지난 일요일이었다. 여러 가지 의미를 부여하며 바쁘게 시간을 보내게 되니 주머니 사정도 고려해야 하는 달이다. 볼 수 있고, 들을 수 있고, 느낄 수 있는 마음의 여유가 삶을 풍요롭게 하는 오월이다. 그동안 코로나로 자주 얼굴을 볼 수 없었는데, 규제가 많이 완화되어 자유롭다. 아들, 딸과 손주들 얼굴도 더 볼 수 있는 달이니 행복하다.

백 주년
어린이날

　막내와 손자가 수목장에 다녀온 사진이 스마트폰으로 들어왔다. 오늘은 어린이날 백 주년이 되는 날이다. 서울 시청 앞 광장에 서울시 홍보대사인 '핑크퐁' 캐릭터의 축하메시지판을 설치하는 사진이 신문에 나왔다. 손자는 건강하게 유치원을 졸업하고 학교생활을 즐겁게 하는 초등학교 1학년이다. 손자가 상상의 날개를 활짝 펴면서 기쁘게 학교생활을 잘하길 바라는 마음이다.

　막내아들이 태어날 때, 세상을 다 얻은 것처럼 좋아하던 님은 저세상 사람이 되었다. 그 아들은 건강한 성인이 되어 결혼했다. 막내가 건강하게 성장해 감사하고 고마운 일이다. 예쁜 아가씨와 결혼하고 세상에서 제일 귀여운 손자가 태어나 초등학교 학생이 된 것이다. 아들과 손자는 할아버지가 있는 수목장 '시의 정원'에 다녀온 사진을 스마트폰으로 보내왔다. 감사하게 '시의 정원'은 집에서 15분 거리에 있어서 자주 찾아간다. 부모는 자식 마음에 의지가 되나 보다. 막내는 유독 아빠를 그리워한다. 떠나간 뒤에도 가족을 가슴에 담는 것이 인지상정인 것 같다.

막내아들이 낳은 손자가 첫돌이 되었을 때, 남편은 돌아갔다. 가족사진을 찍자고 했는데 그 사진을 찍지 못하고 갑자기 세상을 떠났다. 내일 일은 아무도 모른다. 건강하게 최선을 다해 오늘을 기쁘게 살아야 한다. 할아버지가 살아 있었으면 손자에게 얼마나 좋았을까? 생각해 본다. 어린이날에 할아버지 산소에 간 아들 부자의 모습이 대견하다. 아들은 아빠가 보고 싶을 때마다 손자를 데리고 찾아간다. 부모와 자식은 영원한 가족, 서로를 가슴에 묻고 그리워할 것이다.

손자가 그린 그림을 스마트폰으로 보내왔다. 우주선을 잘 그렸다. 그 손자가 상상의 날개를 활짝 펴며 건강하게 무럭무럭 성장하길 바라는 할머니의 바람이다. 반듯하게 하고 싶은 일 하면서 건강하게 자라길 바란다. 초등학교 입학 날은 손자가 코로나에 걸려 학교에 가지 못했는데, 졸업하는 해에는 꼭 가볼 것이다. 5년이란 시간은 순식간에 지나갈 것이다. 훌쩍 큰 손자의 모습을 상상해 본다.

하늘 아래
아름다운 순간

　아름다운 인생 학교 포토에세이반에서 강원도에 있는 제이드가든으로 현장 실습을 갔다. 하늘 아래 아름다운 곳에서 아름다운 추억을 만들었다. 이곳은 스카이가든이다. 또한 오늘은 20대 대통령 취임식이 있는 날이다. 아름답게 물러나고 소중하고 귀하게 맞이하는 날, 우리는 더욱 기쁘고 의미 있는 시간을 맞이했다. 튤립 20송이는 선물?

　글을 쓰고 사진을 올리면서 신기했다. 20대 대통령 취임식 날, 축하의 꽃송이로 20송이를 우연히 찍을 수 있었다니. 사진 찍을 때는 전혀 생각하지 못하고 단지

예뻐서 찍었는데, 세어 보니 스무 송이였다. 그러고 보니 우리 나들이에도 의미가 부여된다. 어느 곳에 있어도 우리는 한마음이라는 것일까? 아름다운 인생 학교 포토에세이반 마음도 하나로 결집 되는 날이었을까? 의미를 찾고자 하면 세상 모든 것에는 의미가 있다. 자유로운 나라의 평화로운 국민으로 하나가 될 수 있었던 아름다운 날.

꽃물결 따라 꽃길을 걸은 우리는 파란 하늘 아래 웃음꽃 활짝 피우며 이야기를 나누었다. 2022년 5월 10일 화요일은 잊히지 않을 것 같다. 우리에게 풍요와 평화가 함께하길.

감사패를
받았다

    지금까지 살면서 알게 모르게 보시하는 마음으로 살았다. 누구에게 알릴 이유도 없고, 나만의 흐뭇함이라고 할까? 그런데 이번에는 다르다. 내 집을 개방하여 일주일에 한 번 이웃분들과 명상 시간을 갖는데, 향래가 1년이 되는 날을 기념으로 십시일반 모은 돈을 아픈 사람 치료비에 보탬이 되면 좋겠다고 보냈다. 그 후 감사의 마음을 담은 패를 우편으로 받았다. 이번 보시는 공동모금이기에 더 의미가 있다. 보시는 아무 흔적 없이 해야 하는데 흔적을 남기는 패를 받고 보니 부끄럽다. 함께 명상하는 분들에게도 보여드렸다.

    아름다운 인생 학교에서 지난번에 다 못 본 영화 후

편을 보았다. '나, 다니엘 블레이크'. 영화를 보고 삶에서 의식주가 기본으로 해결되어야 여유 있는 삶을 살 수 있다는 생각을 했다. 영화에서 복지제도 불협화음의 종말은 주인공의 심장마비로 끝을 맺었다. 개도 아닌 한 사람으로 인간을 존중해야 한다는 것을 편지로 써서 법정에서 읽으려 했는데, 그 끝을 맺지 못하고 주인공이 법정 화장실에서 죽음을 맞이한 것이다.

인간은 누구나 존중받을 권리가 있고 그것은 어느 나라나 보장되어 있다. 그러나 사회보장제도의 혜택을 받으려던 다니엘은 까다롭고 무성의한 관료들의 행동으로 혜택을 받지 못한다. 불평등한 사회의 단면을 보여 주는 영화였다.

이 글을 쓰는 나는 아름다운 인생 학교에 일주일에 두 번 나가면서 시니어로서 여유로운 시간을 보내고 있다. 아름다운 인생 학교도 영국식 시니어 학교를 모델로 한 학교인데, 영화 '나, 다니엘 블레이크'도 영국에서 만든 영화이다.

우리는 매월 1만 원의 회비로 여유로운 시니어의 삶을 보내고 있다. 각각의 재능을 기부하면서 함께 어울리고 노후의 시간을 유익하게 보낼 수 있어 감사하다. 이런 환경을 만든 우리 회원들이 아름답고, 함께 저녁을 먹으면서 정이 더 돈독해진다. 나 또한 시니어가 되어 더욱 향상되는 삶을 살아가려고 내 집을 개방해 명상원을 시작한 것이다. '일상을 명상처럼'이라는 마음으로 열게 된 '향래가'로 내 생활의 향상을 이룬 것 같아 기쁘다. 나도 기쁘고 함께하는 사람도 기쁘니 우리는 서로에게 기쁨이 되고 있다.

하늘 아래 우리는 시 낭송을 들었다

포토에세이반 나들이에서 시 낭송을 들었다. 코디 이보형 선생님의 시 낭송은 신록의 자연과 어울려 잊을 수 없는 시간을 선물해 주었다. 건강하게 들을 수 있고 볼 수 있는 참 감사한 시간이었다. 바람에 잎새들이 시를 읊는 날, 우리들의 영혼이 얼마나 아름다운가?

시 낭송을 듣고, 클래식 음악을 감상하고, 설명해주는 샘의 말에 귀 기울여 함께하는 이 순간이 참 고맙다. 축복받은 날이다. 멋진 백만기 샘도 귀한 걸음 해주셔서 더 빛나는 날이 되었다. 앞으로도 이 순간을 떠올리며 기쁜 날이 이어지길 발원한다. 서로 활짝 웃는 모습만 보아도 행복이 저절로 느껴진다. 마지막 숨 쉬는 순간까지 행복하기 위해 노력하며 사는 것이 우리의 목표가 아닐까. 듣고, 보고, 느끼는 행복한 순간을 영원히 함께하고 싶다.

오늘의 시는 김시천 시인의 '안부', 마종기 시인의 '偶話의 江', 이해인 수녀의 '보고 싶다는 말은' 등 여러 편이었다. 그중 폴란드 시인 비스와바 쉼보르스카 시 '두 번은 없다'가 마음에 남아 적어 본다.

두 번은 없다
_비스와바 쉼보르스카

두 번은 없다. 지금도 그렇고
앞으로도 그럴 것이다. 그러므로 우리는
아무런 연습 없이 태어나서
아무런 훈련 없이 죽는다.

우리가 세상이란 이름의 학교에서

가장 바보 같은 학생일지라도
여름에도 겨울에도
낙제란 없는 법

반복되는 하루는 단 한 번도 없다.
두 번의 똑같은 밤도 없고
두 번의 한결같은 입맞춤도 없고
두 번의 동일한 눈빛도 없다.

어제 누군가 내 곁에서
네 이름을 큰 소리로 불렀을 때
내겐 마치 열린 창문으로
한 송이 장미꽃이 떨어져 내리는 것 같았다.

오늘 우리가 이렇게 함께 있을 때
난 벽을 향해 얼굴을 돌려버렸다.
장미? 장미가 어떤 모양이더라?
꽃인가? 아님 돌인가?

야속한 시간, 무엇 때문에 너는

쓸데없는 두려움을 자아내는가?
너는 존재한다-그러므로 사라질 것이다.
너는 사라진다-그러므로 아름답다.

미소 짓고 어깨동무하며
우리 함께 일치점을 찾아보자.
또
비록 우리가 두 개의 투명한 물방울처럼
서로 다를지라도….

삶은
꿈 꾸는 자의 몫

 120세 시대라고 한다. 65세부터 75세는 청춘이라고 하니 나는 아직 청춘이다. 삶은 꿈꾸는 자의 몫이라고 했던가. 평범한 주부로만 살던 30대에 많이도 오르내리던 천불동계곡, 옛 추억을 더듬으며 다시 찾았다. 봉정암을 향해 간다. 백담사 다리를 지나 영시암까지는 평지라 별 어려움 없이 도란도란 이야기하며 걷는 워밍업 코스이다. 그래도 발밑을 조심하며 한 발 한 발 정성껏 내디뎠다. 3개월 전부터 발바닥에 이상이 있어 신경이 쓰였기에 이번 설악산 산행의 목표는 오직 무사히 다녀오는 것이었다. 봉정암에서 하룻밤 자고 천불동으로 내려오는 길은 긴 시간이 필요해 더욱 걱정스러웠다.

아침이 되자 다행히 밤새 요란하던 천둥 번개와 비바람이 멈추었다.

작년부터 계획하고 꿈꾸어 오던 일인데 날씨가 안 좋아 천불동계곡으로 내려가지 못하면 어떡하나 은근히 걱정했었다. 다행히 하늘이 활짝 개어 감사했다. 천불동계곡으로 내려가지 않으려면 올라온 백담사 길로 내려가야 한다. 올라가는 산행보다 내려가는 길은 쉽다. 내가 꿈꾸던 천불동계곡을 밟고 싶은 마음이 간절했다. 힘든 길인 줄 알면서도 왔다. 그러면 실천 해야 한다. 동행한 친구가 나에게 고집이 대단하다고 한다. 물론 친구는 돌산에 사고라도 나면 어떡하나, 내심 걱정하며 한 발 한 발 걸었을 것이다. 산악인도 아닌 신중년의 주부가 겁 없이 천불동계곡으로 내려가자 하니 어처구니없었을 것이다. 코로나 오기 전에는 한 달에 두 번씩 봉정암을 다닌 친구이기에 그를 믿고 감행한 산행이었다. 나의 말을 순순히 따라 천불동으로 내려가기로 했다. 참으로 고마운 일이다. 다행히 햇빛이 쨍쨍해 돌이 말라 있었다. 아니면 미끄러워 위험했을 텐데… 하늘이 참 맑았다.

감사한 마음으로 한 발 한 발 조심스럽게 발밑만 보고 걷기 시작했다. 그렇게 무사히 내려왔다. 나만의 성취감, 해냈다는 뿌듯함이 가득했다. 봉정암과 천불동계곡을 오르내린 사람만이 알 수 있는 감정이다. 하루 만 보 걷기 한 보람이 있다.

내려오는 길에 프랑스 산악인을 만났다. 혼자 산행 중이라고 했다. 한국은 어느 산을 가든 사람이 다니기에 안전하게 잘해 놓았다고, 외국은 그렇지 않다고 거듭 놀라워했다. 모처럼 이야기할 사람을 만나 좋다고도 했다. 함께한 친구가 영어를 잘해 두 사람은 한참 이야기를 나누었다. 우리 또한 오며 가며 간혹 스치는 사람들이 반가웠다. 그런 길을 무사히 다녀와 감사하다. 계절도 좋고 코로나도 줄어들고 있으니 산을 찾는 사람들이 점점 많아질 것이다. 뚜렷한 사계절의 변화를 마음껏 느낄 수 있고 안전한 산행까지 보장받을 수 있으니 우리나라 산이 얼마나 좋은가. 이제 한 달에 한 번씩 산행할 마음을 내 볼까? 힘든 일에 도전할 꿈을 꾼 것은 나의 선택이었다.

    일주일을 시작하는 월요일이다. 봉정암 후유증(?)으로 허벅지와 장딴지가 딴딴하게 굳었다. 그래도 해야 할 일이 있으니 풀리지 않은 상태에서 움직이고 있다. 청명한 하늘을 보니 아름답던 그날의 천불동계곡이 다시 떠오른다. 그 꿈 같은 시간에 취해 며칠을 행복하게 보내고 있다. 추억할 수 있는 시간이 있다는 것, 꿈이 있다는 것은 얼마나 아름다운지. 삶은 꿈꾸는 자의 몫이다.

인도 다람살라의 이 순간, 노을

3부

행복은 쓰는 것이다

『그냥 살자』의 저자, 신영철 박사

책 제목이 멋지다. 지친 현대인을 위한 정신과 의사의 조언, '그냥 살자'의 저자 신영철 박사의 강의를 들었다. 코로나 시작 즈음부터 유튜브로 박사님의 프로를 즐겨 듣고 보았다. 외출도 못 하고 우울할 때, 강의는 많은 위로가 되었다. 다양한 사람들의 질문에 이웃집 아저씨처럼 싱글싱글 웃으면서 구수한 목소리로 재미있게 이야기하는 분이다. 인간 냄새가 물씬 풍기는 사람. 기억에 남는 강의 하나가 떠오른다. 함께 근무한 동료 후배가 갑자기 하늘나라로 간 후 꿈에서도 흐느끼며 울었다는 그 절절한 직장 동료 간의 끈끈한 인간애였다. 그 이야기를 듣고 눈물을 흘렸는데, 그런 사람을 가까운 곳에서 뵐 수 있다니 나에게는 좋은 기회였다.

나는 반갑게 인사하고 맨 앞줄 중간에 앉았다. 선생님은 훤칠한 키에 구수한 목소리로 싱글싱글 웃으면서 강의를 시작했다. 시작부터 웃음을 머금게 하는 재미있는 말로 우리를 활짝 웃게 하였다. 여러 사연을 가진 사람들이 고민을 호소하면 그에 적절한 해결책을 제시해 주는 방식으로 진행된 강의를 통해 세상 살아가는 아픔을 이해할 수 있는 소중한 시간이었다. 그런 사연들을 들으며 나를 돌아보았다. 우리 사는 모습이 별반 다르지 않구나. 모두 힘겹지만, 그래도 희망을 갖고 행복을 찾는 우리는 서로 이웃이구나, 하는 생각이 들었다.

이 세상에 원인 없는 사건은 없다. 다양한 고민과 질문들은 어쩌면 스스로 만들어 낸 원인 때문일 것이다. 스스로 지키지 못한 일에서 진행되는 온갖 문제들, 그리고 내 마음이 부정적이냐 긍정적이냐에 달린 것이 아닐까.

오늘 박사님 강의의 주제는 10계명이다. 간략하게 정리하면 이렇다.

1. 그냥 살자. 50대 중반 되면 능동적으로 수용하라.

2. 마음의 맷집을 키워라. 회복탄력성, 마음의 맷집. 일상의 중요성.

3. 자신만의 무기를 가져라. 현실과 이상을 조화시켜라. 운동이 좋다고? 먹다 보니 좋아야지. 어쩌다 한번 먹으면서 등심, 안심 찾지 마라. 꿈을 크게 가지라고? 어느 외국계 제약회사 직원이 기러기 아빠 생활하면서 바이올린을? 60세에 가슴이 설렌다. 100세 시대이다. 멀리 보고 꿈을 가지길.

4. 진정한 자존감을 키워라, 콤플렉스 수용하기, 현실을 쿨하게 수용.

5. 집착에서 벗어나라. 내 탓, 완벽주의는? 일과 일상을 구별. 옳고 그름을 판단하는 마음의 유연성. 갈등은 '내가 옳다'에서 출발.

6. 관계에 투자하라. 좋은 관계의 중요성, 관계에서 오는 스트레스를 줄이기 위해 판사에서 변호사가 되자.

7. 공감의 신경세포를 깨워라. 지친 어느 날 저녁 아내가 "당신이 힘들게 번 돈으로 오늘 쇼핑해서 미안해."하면 남편은 "우리가 번 돈이에요."라고 하자 (참 멋진 표현이었다.)

8. 진정으로 범사에 감사하라. 천장에 붙은 30초 감사, 눈 감기 전과 눈 떴을 때,

9. 긍정적인 감정 기억을 활용하라. 인생을 바꾸는 감정 기억. 긍정적인 감동은 기억에 남는다.

10. 세로토닌 하라. 일상을 돌아보며 행복 찾는 훈련. 아플 때 아파하고, 슬플 때 슬퍼하고, 일상으로 복귀, 인간의 시대는 끝났는가?

박사님은 당신이 책에 쓴 내용을 요약해 주셨다. 92세의 어머니가 대장암 수술을 받고 잘 견뎌 분당에 살고 계신다고 했다. 그 어머니가 아들에게 보내준 꽃 사진을 보여주며 어린아이처럼 웃으셨다. 잔잔하고 따뜻한 모자의 정이 느껴졌다. 1시간 30분 강의 시간이 순식간에 지나갔다. 이렇게 웃음꽃이 활짝 핀 화기애애한 강의가 또 있었던가. 어깨에 힘 빼고 편안하게 깔깔 웃는 아름다운 시간이었다.

내가 뭐라고…
겸손해진다

코엑스 A홀에서 2022 서울국제도서전이 열렸다. 아침 열 시부터 문을 여는데 9시 20분에 도착하니 벌써 많은 사람이 줄을 길게 서 있었다. 코엑스에는 대형 글마당 도서관이 있다. 작가들이 고뇌하며 쏟아낸 지혜와 감성의 결과물들은 너무도 웅장하고 숭고하여 문득 나 스스로가 작게 느껴졌다. 내가 뭐라고… 겸손해진다. 40여 분을 줄 서서 기다리는 동안 사람들은 점점 늘어났다. 특히 젊은이들이 많이 보였는데 나라의 미래를 책임질 젊은 사람들이 책에 관심을 갖는 모습을 보니 마음이 흡족했다.

안으로 들어가니 초입에서 저자 사인회가 한창이었다. 이곳도 줄이 길게 늘어져 있다. 몇 바퀴 돌아다니면서 어떤 책들인가 기웃거렸다. 각 출판업계에서 선보이는 다양한 크기와 디자인의 책이 시선을 끈다. 이렇게 나 많은 책이 출판되고 유통되는 그 과정에 나도 한몫을 담당하고 있다고 생각하니 뿌듯했다.

어느 부스에 적힌 글이 눈에 들어온다.

책이 없는 방은 영혼 없는 육체와 같다. -키케로-

이런저런 책들을 뒤적이며 여유로운 시간을 보내다가 한 곳에 들어가 시집 두 권을 구입했다. 그중 하나는 한지로 만든 예쁜 책이다. 출판사 사장은 자신이 만든 것이라며 직접 사인한 또 다른 시집 한 권을 내게 선물해 주었다. 고마웠다. 시집 세 권을 들고 시집을 낸 작가와 사진을 찍었다. 어느 서점의 문구가 생각난다. '사람은 책을 만들고 책은 사람을 만든다.' 책에는 많은 작가의 정신세계가 들어있다. 또한 재료인 종이도 많이 소비된다. 그래서 나는 책을 보관하는 일에도 신경을 쓴다.

삼 분기 수업 첫날

베토벤 피아노 협주곡 5번, 독일 피아니스트의 연주가 잔잔하게 흐른다. 3분기 수업 첫날이다. 새로 등록한 사람들이 자기소개를 했다. 분위기가 좋았다. 무엇인가 추구하는 시간은 아름다운 시간이다. 우리는 각자 무엇인가 의미를 찾기 위해 포토에세이반에서 만났다. 새로 가입한 사람들이 쉽게 적응할 수 있도록 배려한다. 첫 수업을 마치고 간단하게 저녁 식사를 하고 차를 마시러 갔다. 부드럽고 재미있는 이야기 속에 분위기가 한층 고조되었다.

코디 샘이 중고 서적에서 구입한 책에 관한 이야기를

들려주었다. 내용 중에 어느 담임선생님이 친필로 쓴 편지가 있는데 제자인 학생은 이 편지를 읽지 않았고 그대로 서점으로 넘어왔을 거라고 했다. 다양한 사람들이 생각의 그릇만큼 책을 쓰고 읽을 것이다. 문득 '이 순간'이란 시가 생각났다.

이 순간

_피천득

이 순간 내가
별들을 쳐다본다는 것은
그 얼마나 화려한 사실인가

오래지 않아
내 귀가 흙이 된다 하더라도
이 순간 내가
제9교향곡을 듣는다는 것은 그 얼마나 찬란한 사실인가

그들이 나를 잊고
내 기억 속에서 그들이 없어진다 하더라도
이 순간 내가
친구들과 웃고 이야기한다는 것은
그 얼마나 즐거운 사실인가

두뇌가 기능을 멈추고
내 손이 썩어가는 때가 오더라도
이 순간 내가
마음 내키는 대로 글을 쓰고
있다는 것은
허무도 어찌하지 못할 사실이다

수선집

사이즈가 맞지 않아 고쳐야 할 옷이 있다. 몇 년 전 바자회에서 구입한 주름진 옷인데 일반 수선집에서는 고칠 수 없다고 한다. 마침 명상하러 오는 여사님이 수선 잘 하는 집을 안다고 해서 함께 길을 나섰다. 6년 전에 다녀왔지만 수내동 롯데백화점 부근이라 쉽게 찾을 수 있다고 해서 나섰는데 그렇지 않았다. 혹시 청구상가를 아시나요? 지나가는 사람에게 몇 차례 물어보아도 모른다고 한다. 우리는 고민 끝에 부동산을 찾아갔다. 부동산 사장님은 금세 찾아 주신다. 수선집은 생각보다 가까운 곳이었다.

수선집 사장님이 친절했다. 주름진 옷을 백화점에 납품할 때는 옷감을 필로 놓고 만드는 작업을 했었는데, 지금은 수선 들어오는 옷을 고치느라 새 옷을 만들 시간이 없다고 한다. 사장님의 살림집은 우리 동네 옆, 능평리라고 한다.

"예전에는 이곳의 평수 작은 집과 능평리의 넓은 평수의 집값이 비슷해서 넓은 평수를 선택해 능평리로 갔는데 지금은 이곳 집값만 곱으로 올랐어요. 언제까지 이렇게 미싱만 해야 하는지 모르겠어요."

60대 초반으로 보이는 사장님이 푸념했다. 사는 것이 힘들다는 것을 또 느끼는 순간이었다. 삶의 현장이 고단해도 건강하게 일터가 있으니 감사한 일이라고 사장님을 위로해 드리고 싶었다. 그러나 그런 말이 무슨 소용이 있나. 그래도 할 수 있는 일이 있을 때 천직이라 생각하면 마음이 평온해질 수 있지 않을까. 수선비가 옷 산 값하고 비슷했지만 싸게 샀던 옷이라 편하게 맡겼다. 부디 평화와 행복이 깃드는 집이 되길 바라는 마음이다.

야간 콘서트

　삼대가 함께 모여 모처럼 이문세 콘서트를 보았다. 가족이 함께 문화생활을 한다는 것에 의미를 갖고 갔다. 이문세 씨가 첫 번째 부른 곡이 광화문 연가였는데, 코로나 오기 전에 나는 동명의 뮤지컬을 관람한 적이 있다. 애틋한 향수가 느껴지는 노래 가사는 중학교 2학년 교과서에도 올라갔다고 한다.

　이제 모두 세월 따라 흔적도 없이 변하였지만/ 덕수궁 돌담길엔 아직 남아있어요
　다정히 걸어가는 연인들/ 언젠가는 우리 모두 세월을 따라 떠나가지만

언덕 밑 정동길엔 아직 남아있어요/ 눈 덮인 조그만 교회당
　_'광화문 연가'中에서

　네 명의 가족 나들이가 즐거운 밤이었다. 광화문 길을 걸었기에 더욱 마음에 와닿는다. 간혹 문화생활 하는 것도 기쁨이다. 콘서트가 진행되는 동안 관객 중 두 명을 추첨하여 신청곡을 받는 이벤트가 있었다. 강원도 정선에서 온 사람과 어머니를 모시고 온 청년이 당첨되었다. 그들은 각각 '이별 이야기'와 '나는 행복한 사람'을 듣고 싶어 했다. 덕분에 나도 오랜만에 좋은 노래들을 들었다. 젊은이들과 신중년이 함께 어우러진 콘서트여서 더욱 의미가 있었다. 삼대가 함께 하니 두 시간이 훌쩍 지나가는 줄도 모르고 재미있게 즐겼다.

　오늘 나는 '행복한 사람'이 되었다. 행복이란 단어는 어디에 들어가든 뿌듯한 만족감이 흐른다. 참으로 감사한 시간, 나의 책 『행복 자루』 제목처럼 하늘 아래 모든 사람이 행복했으면 좋겠다.

반세기 전
길을 걷는다

 오는 것도 가는 것도 없는 길을 간다. 반세기 전의 길을 걷는다. 교동초등학교는 내가 다녔던 학교다. 대한민국 최초의 초등학교다. 슬픔과 기쁨 속에 오십여 년, 시간은 쏜살같이 지나갔다.

 백세시대라 하지만 언제 저 언덕 너머로 갈지 모르는 인생이다. 오늘도 내일도 하하하 웃으며 살다 가는 것이 목적이다. 잠시 왔다가는 인생, 집착할 것 아무것도 없다. 옛 건물들은 모두 사라지고 새 건물이 높게 들어서 있는 길을 걷는다. 다행히 학교는 그대로 있다. 그때는 무슨 꿈을 갖고 다녔을까? 코 흘리던 시절을 아름답게 기억한다. 물 흐르듯 여기까지 왔다.

주름진 내 모습, 몸은 순간순간 변하여도 마음은 항상 어린아이처럼 살고 싶다. 간소하고 단순하게 살아가는 것이다. 무엇을 더 배울 것이 있겠는가, 아는 만큼 행하는 것이 더 중요하다. 적다, 많다가 아닌 주어진 현실에 맞는 환경에서 아름답게 살아가려고 오늘도 정진한다. 이렇게 살아가는 것만으로도 항상 감사하다. 건강한 몸과 정신으로 살아갈 수 있기를 발원한다. 이웃과 더불어 기쁜 날들로 이어진다면 최고의 삶이라고 생각한다. 인드라망으로 이어진 화엄장세계, 잔잔한 일상을 기쁨으로 충만한 날로 만들기 위해 노력하는 중이다.

파란 하늘처럼 순수한 아름다움으로, 사는 날까지 한 점 구름으로 왔다 간다는 넉넉한 마음으로, 만인을 사랑하는 자비로운 마음으로 살 수는 없을까? 화가가 되어 아름다운 그림을 그리듯 하고 싶은 일을 하며 살고 싶다.

비가 오는
아침 출근길에
활짝 웃는다

　이른 아침 블로그에 글 한 편 올리고 첫차를 타러 나왔다. 갈 곳이 있다는 것은 기쁨이다. 손에는 무거운 짐을 들고 서두른다. 지난가을 사 두었던 들깨 한 말(6kg)과 옥수수, 그리고 여러 가지 물건들을 메고 나왔다. 비가 오지만 좋아할 손자를 생각하며 짐을 챙겼다. 사람들이 줄 서서 버스를 기다리고 있다. 나도 환승 버스를 기다리고 있다. 갈 곳이 있다는 것과 할 일이 있다는 것이 삶을 생동감 있게 해준다.
　어제 외출 후 집에 오니 제주도에서 옥수수가 택배로 와 있었다. 내가 옥수수를 좋아하니 막내아들이 주문한 것이다. 소금이나 단맛 내는 것을 사용하지 않고 다시마 한쪽과 표고버섯 말린 것을 몇 개 같이 넣었다. 거기에 속껍질과 수염이 있는 그대로 삶았다. 아직 덜 여물었지만 삶자마자 내가 한 개 먹고, 막내네 세 개 주고 외손자 집에 세 개 가져다주려고 길을 나선 것이다. 가족이란 이런 것이다. 주고 싶고 뭐든 기쁘게 해주고 싶은 것이다.

며칠 전 큰아들이 안부 전화를 걸어왔다. 주말에 약속이 없으면 집으로 오겠다고 해서 갑자기 마음이 급해졌다. 큰아들에게 들기름을 들려 보내려면 서둘러야 했다. 오늘 아니면 들기름 짤 시간이 없다. 비가 오는데도 길을 나선 이유다. 나온 김에 딸네 집에 가 손자 학교 가는 모습도 보려고 첫차로 움직인다. 요즘 무척 가물었는데 감로비가 내리니 대지의 생명들이 좋아할 것 같다. 비 오는 날 무거운 짐을 들고 움직이면서도 기분은 좋다. 아들딸에게 어미로서 무언가 해줄 수 있다는 기쁨이다.

소금물 끓여 부은 오이지도 챙겼다. 손녀가 좋아한다. 평소에 일이 많으니 계획을 짜서 한다. 요일별로 할 일이 꽉 차서 시간을 내기 쉽지 않다. 오후에 딸과 함께 모란시장 기름집으로 갔다. 삼대째 기름집을 하는 곳인데, 20대 아들이 대학을 졸업하고 아빠를 도와 기름집을 운영한다. 기특하다고 칭찬해 주었다. 들깨 6kg에서 기름 7병이 나왔다.

　네 집이 나누어 먹으면 된다. 올해는 들깨 값도 비싸고 수입한 양이 줄어 수입 참기름이 들기름보다 삼 분의 일이 싸다. 항상 참기름값이 더 비쌌는데 작년부터 들기름값이 50퍼센트 더 비싼데, 코로나19 영향이라고 한다. 기름을 다 짜고 깻묵을 가져왔다. 깻묵은 흙과 섞어 썩히면 최고의 퇴비가 된다. 가뭄이 심한 올해는 농작물 값이 더 비싸질 것 같다. 어느 농부의 정성으로 기른 들깨가 기름이 되어 나의 손에까지 이르렀다. 이 재료로 만든 음식을 먹고, 건강한 우리 가족이 되길 바라는 마음이다.

나에게 글이란
오늘을 사는 것이다

나에게 글이란 오늘을 사는 것이다. 날마다 일상을 기록하는데 쉽지는 않다. 무슨 이야기를 써야 하나 고민하면서 매일 쓰는 습관을 들여 블로그를 운영하고 있다.

네이버 블로그에 감사한다. 날마다 글쓰기에 도움을 주는 친구이다. 나의 희망이며 꿈이다. 내게 글을 쓴다는 것은 도전이다. 내가 기록한 소소한 일상이 남과 더불어 나에게도 이로움이 되길 바라는 작은 소망이 있다. 마음 다스리는 도구가 되어 주는 글쓰기를 할 수 있다는 것이 참 감사한 일이다.

얼마 전 자전적 수필집 『행복 자루』를 출간했다. 살아온 시간을 담담하게 써서 엮은 것이다. 그 인생의 이야기를 어찌 한 권의 책으로 다 표현할 수 있겠는가? 하지만 인생의 긴 여정 속에 기쁨과 슬픔과 사랑과 행복이 담긴 책이다. 어떤 누구든 그 인생을 두드리고 들어가면 한 권의 소설책이 나온다고 한다. 그 표본이 된 나의 자전적 수필이다.

나만이 쓸 수 있는 나만의 이야기를 진솔하게 풀어낸 책이기에 흐뭇하다. 평범한 일상이었으면 글을 써 내놓을 수 없었을 것이다. 시련의 세월이 책 속에 다 녹아 있다. 책을 세상에 내놓은 후 오히려 백 퍼센트 더 당당하게 살아가는 받침돌이 되었다. 그 이후 블로그를 배워 날마다 쓴 글을 모아 『일상을 명상처럼』이란 제목으로 전자책을 발간했다. 하루아침에 이루어지는 일은 없다. 그동안 쌓아온 습이 있었기에 나 같은 사람도 책을 낼 수 있었다.

네이버에 '임순덕'이라고 검색하면 두 권의 책이 올라온다. 나의 이름 석 자로 책이 나왔다는 것은 누가 뭐래도 뿌듯하다. 글을 쓰고 싶은 잠재의식이 있었기에 이런 시절 인연이 나에게 쉽게 다가온 것이리라. 요즈음에는 내 나이 70세가 되는 해에 한 권의 책을 내놓기 위해 날마다 글을 쓰고 있다. 이 글 중 간추려 한 권의 책을 내놓고 싶은 것이다. 블로그에 그날그날 찍은 사진과 글을 올리는데, 읽다 보면 이런 일상을 쓰지 않았다면 어디에서 지나온 나의 발자취를 볼 수 있을까? 하면서 기쁨을 느낀다. 다른 사람의 정신세계를 책으로 간접 체험하듯이 나만의 일상을 나 스스로 기록하는 것은 그저 한 사람의 일기에 지나지 않지만, 그 글에는 내가 살아가는 소박한 일상이 담겨 있다. 날마다 60여 명이 100여 편의 나의 글을 읽어 주러 블로그를 방문한다. 그분들에게 머리 조아려 두 손 모아 감사드린다. 이웃으로 들어온 사람이 300여 명이 넘었다. 그 사람들 또한 각자의 이야기를 블로그에 올린다. 우리 사회의 다양한 삶을 한눈에 읽을 수 있어 좋다. 나에게 글쓰기란 오늘을 사는 것이다. 어제도 내일도 아닌 오늘이란 소중한 날들을 남기는 나만의 흔적이다.

이웃

어제 집에 오는 버스에서 2층에 사는 중년 친구의 전화를 받았다. 장모님이 편찮아 병원에 입원 중이라 아내가 없는데 밥하기가 어중간하다며 찬밥이 있느냐는 것이었다. 지금 집에 가는 길인데 기다리라 하고 가는 길에 두부를 사서 밥과 함께 건넸다.

그는 식당에 부식을 전달하고 급여를 받는 성실한 사람이다. 한때는 명문대 입학했다고 학교와 동네에 플래카드가 걸리고 동네잔치를 했던 사람인데, 교통사고로 직장을 잃고 난 후, 장애 4급 판정을 받고 막노동부터 안 해 본 일이 없다고 했다. 아내와 고향도 같아서 금요일이면 일을 마치고 고향 온양에 갔다가 일요일 저녁이면 올라와 새벽부터 오후까지 쉬지 않고 일한다. 50대인데 아기가 없다. 아내도 함께 아르바이트를 나간다. 점심은 항상 집에 와 먹는데 월요일과 금요일은 바빠서 점심 먹으러 들어올 시간이 없다고 한다. 금요일은 명상하는 날이라 점심을 우리 집에 와 먹으라고 해도 시간을 낼 수 없어 먹지 못했다. 오늘이 마침 금요일이라 혹여 시간 맞추어 오지 못해도 와서 점심을 먹으라고 문자를 보냈다. 어제 밥이 없다고 했던 말이 떠올라서였다. 그런데 그가 대답 대신 어려운 부탁을 하고 싶다고 한다. 양파와 양배추 껍질을 벗겨야 하는데 도와줄 수 있느냐는 것이었다. 나는 가져오라고 얼른 답을 했다. 그는 12시 점심시간에 맞추어 오겠다고 한다.

그는 어젯밤에 물건을 주문해야 했는데, 알람을 맞추어 놓고 잤지만 일어나지 못했다고 한다. 할 수 없이 동네 큰 마트에서 재료를 사서 껍질을 벗긴 후 식당에 갖다주어야 하는데 손이 부족하다며 부탁해 온 것이었다. 이렇게 해서 오후 명상 시간은 양파 벗기는 시간이 되었다. 우리는 마당에 둘러앉아 웃으며, 울며 양파 껍질을 깠다. 명상하는 날 우연히 일어난 이런 일들도 글로 쓸 수 있다는 것 또한 나만의 기쁨이다. 그는 퇴근길에 달걀 한 판을 가져와 고맙다며 내밀었다. 이웃이 편하게 살면 나도 편한 삶을 살 수 있다는 것을 다시 느꼈다.

청와대 구경

비가 내리는데 오후에는 멈춘다는 일기예보다. 모처럼 시누이 두 명과 만나기로 했다. 약속 장소로 나가는 중, 모임 회장으로부터 전화를 받았다. 오늘 오후 4시 30분에 청와대를 관람할 수 있다는 전화였다. 우연한 기회였다. 6명 중 둘만 가게 되어, 네 명이 오면 좋겠다고 하는 전화였다. 그동안 모임에 전혀 못 나가다가 얼굴 보기 시작한 지 몇 번 안 된 모임의 회장이었다.

시누이들과 오후 1시 약속 장소에서 만나 점심을 먹으면서 이런저런 이야기를 나누었다. 그리고 청와대 분수대 앞에서 4시 10분 약속 시간에 맞추어 갔다. 76년이란 역사의 흔적, 희로애락이 깃든 공간들을 구경하는 시간이었다. 처음 만나는 한 사람과, 다섯 명이 청와대 땅을 한 발 한 발 밟았다. 지난 세월을 회상하며 우리만의 추억을 만드는 날이 되었다. 청와대가 지금 자리에 자리 잡은 것은 6·25동란이 일어나기 3년 전이었다고 한다.

영빈관은 관람하는 줄이 길어서 다른 곳을 구경한 후 들르기로 했다. 녹지원과 상춘제를 지나 관저를 구경 후 마지막으로 영빈관에 오니 출입문이 닫혔다. 오후 5시 37분이었다. 우리 일행은 정문을 나와 저녁 먹을 장소로 갔다. 아침 산책길에 비가 와 우산을 받고 걸으면서 두꺼비를 보았다. 좋은 날이라고 알려준 것 같다. 우연히 청와대 구경을 하였다. 모처럼 만난 시누이 두 명도 좋아한 하루였다.

그대의 이야기,
있는 그대로
들어 주었다

 장맛비에 며칠 운동을 못 했다. 파란 하늘이 상큼하게 기쁨을 안겨주는 아침이다. 그대의 이야기를 있는 그대로 들어 주었다. 발걸음 가볍게 산책을 하는 중이었다. 파란 하늘이 기쁨을 안겨준다. 비가 내린 며칠은 어떻게 지나갔는지 모르게 지나갔다. 날씨가 사람의 마음을 좌우한다. 내 마음이 날씨에 적응하는 것일까? 기분 좋게 내가 가는 곳까지 갔다가 내려오는데 안녕하세요? 하고 인사를 한다. 얼마 전에 산책길에서 만나 인사를 나눈 엄마다. 기억력이 좋았다.

 "높은 산에 가신다더니 다녀오셨어요?" 한다.

임순덕

"네, 다녀왔어요. 기억력 좋으시네요."

그는 어제 비 오는 날 장화를 신고 걷다가 발뒤꿈치를 다쳤다면서 조심조심 걷다가 나와 이야기하고 싶어 멈춰서서 계속 이야기한다. 그래서 어디까지 동행해 주겠다고 하고 같이 올라갔다. 주말이라 산책하는 가족들이 간혹 보인다. 이 시간에도 하늘 아래 태어나는 사람, 돌아가는 사람, 희로애락에 취해 지내는 사람, 사람들은 다양한 환경에 맞닥뜨려 있을 것이다. 두 번째 만남인데 가정사를 하소연한다. 얼마나 답답하고 힘들면 겨우 두 번 만나 우연히 마주친 나에게 이런저런 속상한 이야기를 털어놓을까?

이야기를 들으며 나는 "그렇군요. 그렇겠네요. 그럴 수 있지요." 공감해 주었다. 아들이 직장 다니면서 코인을 했는데, 아빠에게 많은 돈을 가져가면서 엄마인 본인은 모르게 했다는 이야기였다. 남편은 대학교수로 퇴직하고 어디엔가 출근하고 있다고 한다. 본인도 교사로 근무하다가 가정에 안착한 지 20여 년 되었다는 이야기도 한다. 한편으로는 고맙기도 했다. 그 사람은 기억력이 좋은 어머니였고 삶의 어려움을 신앙으로 극복해 대단한 자부심도 있었다. 목적지까지 함께 올라갔다가 내려오는 중에도 이야기는 이어졌다. 다른 사람의 이야기를 들어주는 것도 좋은 일이다. 얼마나 답답하면 두 번 보는 나에게 미주알고주알 이야기를 다 할까? 답은 본인 스스로 내리는 것이다. 나보다 몇 살 아래인 사람인데, 시간이 너무 빨리 지나간다면서 시간이 제일 귀하다고 한다. 자기가 사는 아파트 동 호수도 알려주면서 다음에 또 만나요, 하고 헤어졌다.

산책로의 물처럼 흘러갈 뿐이다. 이런 일이 있으면 있는 대로, 저런 일이 있으면 있는 대로 흘러가는 물처럼 살 뿐이다. 가파른 폭포가 있는가 하면, 유유히 흐르는 바다도 있다. 사람 살아가는 세상에는 이 순간에도 여러 가지 일이 일어나고 있을 것이다. 내 집 축대 아래에는 물줄기가 세게 흐른다. 물의 순리를 생각한다. 물은 무서운 힘을 가지고 있으면서도 부드럽게 흐른다. 또한 물은 높은 곳으로 올라가지 않고 낮은 곳으로 흐르는 겸손함을 보인다. 모든 것은 과거의 흔적이 있지만 흐르는 물에는 지금이라는 현재만 있다. 물은 과거로 돌아가거나 미래를 사유하지 않는다. 물이 그릇에 따라 그 모양을 만들 듯 삶은 인연 따라 이루어진다. 여수류(如水流), 현재의 시간에 온몸을 다 바쳐 살아가고 있는가. 이것이 천 년을 하루 같이 흐르는 계곡물의 무정설법이다.

    집에 들어와 창문을 활짝 열고 바람맞이를 한다. 가뭄으로 농작물이 제대로 성장하지 못했다고 한다. 며칠 이어진 장맛비 이후에 만나는 해님과 파란 하늘이 참 반갑다. 반사된 햇빛으로 창문이 파랗다. 물처럼 순리대로 살아야 한다는 뜻을 알면서도 실천하기는 힘든 것이 우리 인생사다. 우리 모두 번뇌 속에 살아가지만, 그 번뇌의 폭이 얼마만큼이며, 어디에 비중이 있는가는 사람마다 다를 것이다. 모든 사람이 평온하게 살아갈 수 있다면 얼마나 좋을까요.

즐거운 시간이 예상된다

한 사람의 위트가 분위기를 좌우한다. 시도 낭만적으로 잘 낭송하고, 위트 있게 말을 해 웃음을 머금게 하는 사람이 우리 포토에세이반에 처음 등장했다. 즐거운 시간이 예상된다. 무더위에, 산책길에 나만의 쉼, 의자가 있다. 의자에 앉아서 부채질한다. 여기 의자에 예쁘게 색칠을 할까? 하는 생각이 문득 든다. 아니야 자연 그대로가 좋아. 강아지와 부부가 산행하는 모습을 간혹 마주한다. 오늘도 함께 산책을 나와 쉬고 있는 내 앞을 지나간다.

"365일 항상 오르세요?" 물으니

"아니요." 한다.

나는 보기 좋다고 했다. 강아지는 앞에서 즐겁게 뜀

박질한다. 50대 후반 정도 보이는 부부였다. 무엇이든 하고 싶어서 해야 한다. 그러면 즐겁다. 산행 후 땀 흘리고 샤워한 후 하루를 시작하는 기분은 상쾌하다. 하루에 한 가지 일만 하는 것을 나만의 규칙으로 정해 놓고 움직인다. 더도 덜도 말고 이대로 건강 유지하면서 하고 싶은 일 하면 나에게는 최고의 날이다. 무슨 일이든 욕심이 과하면 화근이 생긴다. 건강하게 움직일 수 있는 것을 감사하고 가능하면 텅 비우는 생활을 하려고 정진 중이다. 그러면 마음이 평온하다. 욕심내야 할 아무런 이유가 없다. 항상 겸손하게 감사의 생활로 일관하자는 나의 다독임이다. 비교하지 말고 나답게 살아내는 하루하루다.

오늘 수업에, 내가 좋아하는 최재천 교수의 '독서는 빡세게 하는 겁니다'를 들었다. 책 읽기, 글쓰기, 그리고 시간 관리. 이 세상 모든 일은 결국 '글쓰기'로 판가름 난다. 제목이 중요하다. "사람의 마음을 확 끌어야 한다."

중국인 가수, 덩리쥔(대만에서 태어났음)의 노랫말과

동영상을 각각 우리 단톡 모임방에 전달해 주었다. 이렇게 정보를 보내주는 코디님 덕분에 많이 유식해진다. 코디님의 관심만큼 나는 노력하는지 생각할 시간을 가졌다. 습관이 중요하다. 현재 코디님은 당신의 앎을 100퍼센트 우리에게 전달하고 싶은 마음인 것 같다.

그런데 오늘 새로 온 두 사람은 각각 개성이 강한 것 같다. 한 사람은 교직 퇴직 후 어떤 일을 할까 생각하다가 지인이 아름다운 인생 학교를 소개해 주어 등록했다고 한다. 한 사람은 영화 인문학에서 함께했던 사람이다. 역사 인문학 강사로 이름이 자자하게 알려진 시인이다. 위트가 있고 재미있고 기억력이 대단한 사람이 우리와 함께하게 되었다.

포토에세이란 소모임에서 만나는 인연들이다. 무엇인가 한 가지라도 향상되기 위해 함께 어울림을 하는 시니어들, 쉼의 의자가 필요하듯 우리의 뇌에도 쉼과 재충전이 필요할 때이다. 적절하게 시간을 귀하게 쓰고 건강한 모습으로 걸을 수 있음이 감사하다. 첫 수업을 마치고 함께한 저녁 시간, 약속이 있는 사람은 동석하지 못했고, 일곱 명이 저녁을 함께하면서 소탈하게 이야기 나누는 시간을 가졌다. 나의 머릿속에 남아있는 대사가 있다.

"콩나물시루에 물을 주면 그 물이 흘러내려 콩나물이 자라듯" 보이지 않게 강사님의 실력을 우리에게 전달해 주는 것에 집착하지 말라는 강사님 부인의 말이 명언이었다.

그렇다. 태양은 우리에게 공평하다. 날마다 다름의 생활을 하는 사회에서 무엇인가 한 가지라도 알고 싶음이 있어서 발을 내딛는 모임이다. 그 빛의 영향은, 받은 만큼의 흔적이 있을 것이다. 돌아서면 잊어버리는 우리의 뇌, 재충전하며 즐겁게 만나는 우리들의 이 시간이 헛되지 않기를 바란다. 하하하 웃으면서 유익한 시간을 가지려는 만큼, 하다 보면 가랑비에 옷 젖듯이 무엇인가 향상되는 것이 있을 것이다. 그런 넉넉한 마음으로 우리 반의 인연들이 하늘 아래 이곳에서 재미있게 지냈으면 좋겠다. 꿈 너머 꿈을 꾸며 오늘도 시니어만의 아름답고 기쁜 시간을 가졌다.

백합

뜰에 핀 너 고맙다 친구야/향기에 돌아보는 너 /
장마철 하얀 모습 향기로
활짝 반기는 고마운 친구

첫 차로 외출해 돌아오는/발걸음을 반기는 친구
/ 그윽한 향기가 마당을 밟는 순간
장마철에 향기를 선물하는 고마운 너

위·아래로 사이좋게 활짝 핀 너 / 곱디고운 순백
의 너 / 밝은 미소로 너를 반긴다
칠월 칠 일 기억하기 좋은 날

싱그러운 너의 모습/한참 바라본다 / 내 마음속
에 예쁜 모습으로 / 기쁨 주는 친구
그대 이름은 백합 / 하얀 모습 향기로 찾아온 친
구를 반긴다

오래된 식탁보

　오래전에 우리가 아파트를 마련하여 이사할 때, 어머님이 손수 만들어 주신 선물이 있다. 구정 뜨개실로 한 코 한 코 떠서 만든 식탁보다. 전셋집을 옮겨 다니다가 22평 아파트를 사 이사할 때 떠 주신 것이다. 애들이 자랄 때는 털옷도 떠 주셨다. 그 옷 중 아직도 가지고 있는 것이 있다. 한 올 한 올 정성을 들인 것이기에 그 마음이 소중해 간직하고 있다. 딸이 초등학생일 때 떠 준 빨간색 코트는 이다음에 내가 나이가 더 든 다음에 거실에서라도 걸치며 어머니 생각하려고 없애지 않았다. 다른 뜨개질 옷들은 입을 수 있는 이웃에 나누어 주었다.

어머니는 뜨개질을 잘하셨다. 애들 아빠가 성장할 때도 뜨개옷을 입혀 내놓으면 누가 그 옷을 벗겨가던 시절도 있었다고 한다. 애들 고모부가 탤런트였는데, 나오는 연속극마다 예쁜 색으로 옷을 떠 주셨다고 한다. 그런 어머니는 돌아가셨지만, 그 정성을 잊지 못해 가지고 있는 식탁보는 지금도 유용하게 사용한다. 애들이 커가면서 식탁을 큰 것으로 바꿀 때는 식탁보를 바꾸었으나 어머님의 그 식탁보는 소중하게 보자기에 싸 보관해 두었다. 우리 가족의 화목한 시간을 함께 지켜보아 온 고마운 친구 같은 식탁보. 단란하고 행복했던 가족들은 모두 짝을 찾아 나가고 혼자 덩그러니 있는 집에서 이 식탁보는 나의 영원한 친구로 변신했다. 색이 좀 누런 것 같아 삶으면 다시 하얗게 변한다.

글을 쓰기 위해 컴퓨터를 배운 후 책상을 마련했다. 이 책상도 큰아들 중학생 때 구입해 30년도 넘은 것이지만, 나에게는 아주 유용하다. 컴퓨터로 글쓰기를 하며 한쪽에 그 식탁보를 깔아 놓고 있다. 식탁보를 볼 때마다 어머님 생각을 또 한다. 어머님의 자비로운 향기를 느끼면서, 오늘도 변함없이 정진의 글을 쓴다. 지금도 날마다 어머님의 온기를 나의 손으로 느끼고 있다.

행복은
쓰는 것이다

글도 쓰고, 돈도 쓰고, 시간도 쓰고, 재능도 쓰고, 마음도 쓰는, 행복은 쓰는 것이다. 쓰는 것이라고 하니, 소비만 생각하게 되는데 궁극적인 목적은 마음을 어떻게 쓰다 가는가의 인식 작용이 아닐까. 인생이란 긴 대단원의 막이 내린다. 소유할 것은 아무것도 없다.

*글마당 도서관

집착에서 번뇌가 따른다. 육근이 청정한가? 인정받는 데 집착하는가? 과연 나는 무엇을 위해 더운 여름날에도 두 가지 배움을 위해 움직이는가. 숨 멈추는 순간까지 배움의 연속이다. 새벽부터 밤까지 움직인다. 숨 쉬기 때문이다. 숨을 쉬면 움직여야 존재 가치가 있다.

어떤 생각으로 움직이는가는 각자의 몫이다. 어떤 글이든 쓰고 싶은 꿈이 있다. 말과 글로 표현하는 나의 인식 작용은 날마다 한 꼭지씩 쓰는 블로그 글로 나타난다. 이 새벽, 글을 쓰기 전에 벌써 방문자가 나의 블로그에 다녀간 흔적이 있다. 방문자가 있어 힘이 생긴다. 늦었다고 할 때가 가장 빠른 때라는 것을 나는 체험했다. 코로나19로 암울한 시기에 책을 냈다. 긍정의 힘이다. 오늘의 글을 쓰는 것이다. 지구상에 이 순간, 글 쓰는 사람들이 얼마나 많을까? 전 세계 인구의 1퍼센트만 책을 썼다고 한다. 거기에 속한 나도 자부심을 갖는다.

바띠 문학(글이나 집을 짓는다)모임이 매월 두 번째와 네 번째 화요일 오전 10시 30분에 있다. 포토에세이는 같은 날 오후 3시 30분에 수업을 한다. 포토반에서는 세 번째 주에 현장 답사를 간다. 이 또한 기쁨이다. 나들이를 좋아하기에 더 좋은 시간이 된다. 두 곳을 다 다닐 수 있어서 다행이다. 이곳에 오는 좋은 벗님들도 열심히 정진하는 사람들이다. 50대에서 70대이다. 어찌 우리 모임만이겠는가, 이런저런 배움의 모임을 다 실천하면서 열심히 살아가는 이들이 많을 것이다.

　오전에는 통일 염원을 발원하는 이야기가 주가 되었다. 지구상에 분단된 단 하나의 나라, 우리의 현실을 이야기했다. 생명의 존귀함, 누구나 누려야 할 자유를 박탈당하고 살아가는 안타까운 이들을 이야기했다. 업의 생에서 원력의 생으로 더불어 가는 삶을 이야기하였다. 정보화 시대, 무지한 지도자들의 잘못된 의식이 우크라이나 전쟁을 일으켰다. 생명 근원에 대한 의식 확장이 필요하다. 미래에는 화엄 사상이 중심이 될 것이라는 선생님의 말씀. 과거도, 현재도, 우리 각자의 인식이 행으로 작용한 것이고 그것이 현실로 나타나는 것이다. 얼마만큼 깨어 있는 자가 지도자가 되는가에 따라 의식 전환된 사회가 만들어질 것이다. 상황은 끊임없이 변화하여 간다. 고정불변한 것은 없다는 것이 진리다.

　*포토에세이반

　오후에 포토에세이반에서는 차이콥스키의 사계 중 여름의 뱃놀이를 들었다. 대부분 사람이 꽃을 좋아하듯

음악을 싫어하는 사람도 없을 것이다. 아름다운 선율이 흐르는 공간에서 함께 이야기하면서 수업이 진행되었다. 세 사람이 카페에 올린 글을 합평하는 시간을 가졌다. 각자의 인식 작용의 글이기에 소중한 글이다. 이런 시간들이 가랑비에 옷 젖듯이 나의 글쓰기에 도움이 될 것이다.

블로그에 글을 써 이웃을 신청한 사람이 3백 명이 넘었다. 내 글을 읽은 횟수도 꽤 된다. 나는 무슨 글을 썼을까? 날마다 있었던 일 중 한 가지를 쓰는 습관을 들이고 있다. 블로그에 올라오는 다른 사람들의 글은 현재 사회가 돌아가는 현상을 쓴다. 다양한 사람들이 본인의 전문 분야를 쓰거나 사업장을 소개하거나 재능 봉사에 대해 쓰는 분도 있다. 재미있다. 글에는 그 글을 쓰기 위해 노력한 흔적이 보이기에 분별하지 않고 정성껏 읽으려 노력한다. 쓰다 보니 글이 매끄러워져 독자로서 편하게 읽는다는 사람도 있다. 이럴 때는 흐뭇하다. 댓글을, 하트를 끊임없이 보내는 사람은 한없이 고맙다. 시간과 정성을 들여야 그런 일도 할 수 있다. 각자 자기 일이 바쁜데 남의 글 읽어 준다는 것도 대단한 정성이라고 생각한다. 글에는 울림이 있어야 하는데, 아직 내 글은 미숙한 글이다. 있었던 일을, 나의 심상으로 풀어 쓴 글일 뿐이다. 소설을 쓰는 사람들은 대단하다고 생각한다. 스토리를 풀어가려면 상상력이 풍부하고, 다방면으로 박식해야 긴 문장을 연이어 쓸 수 있을 것이다. 허구라고 할지라도 상상력이 풍부해야 단편이든 창조적인 책이 탄생할 것이다. 있었던 일을 쓰는 것도 쉽지 않은데, 한 권의 책을 만들기 위해 이야기를 만들고 구성해야 하니 소설은 대단한 상상력의 예술이다. 인내가 필요한, 들이는 시간과 결과물이 비례하지 않을까 생각한다.

모든 사람은 인정받기 위해 노력하는 것 같다. 과연 나도 그럴까? 사람이기에 그럴 것이다. 그러나 "머무는 바 없이 행한다"를 마음속에 간직하고 살아왔고 살아갈 것이다. 살아갈 날이 많지 않다. 넉넉하게 배려하며 서로 고마운 존재로 존중하면서 숨 쉬는 순간까지 배우며 정진할 것이다. 내일 일은 모를 뿐이다. 성인의 말씀을 따르고 행하다 보니 내게 주어진 오늘이란 시간이 감사하다. 그러니 여여하게 정진하는 것이다. 이 한 몸의 생이 다하는 시간까지 끊임없이 정진하는 것이다. 글을 쓰고 싶어 오늘도 서울과 경기도를 왔다 갔다 했다. 글은 나의 벗이고 나는 행복을 만들며 쓰는 것이다.

양성평등 가족명상

다섯 번째 수강하는 날이다. 양성평등 가족명상 실습지도 강사, 현장에서 실습한 선배들의 강의를 들었다. 명상지도사들은 어느 분야이든 능숙하게 대처해 나갈 내공이 있는 사람들이 모인 집단이다.

알콩달콩 도란도란 가족명상, 이름만 들어도 화목해 보인다. 우리가 직접 현장에 나가 강의하는 날이다. 모두 내공이 있지만 나처럼 처음 실습 현장에 나가는 사람도 있고 몇 년 다닌 사람도 있다. 십여 년 강사 생활하며 현장에 직접 나간 사람도 있다. 우리가 대해야 할 사람의 근기에 맞게 화목한 시간이 되도록 밝은 분위기에 맞추어 공감하면서 해야 하는 과정이다.

어제 비 온 후, 파란 하늘이 참 좋다. 우리의 마음과 주변이 명상을 통해 기쁜 날로 변화되도록 하는 것이 우리 역할이다. 하루아침에 이루어지기는 힘든 일이고 스스로 노력해야 하는 일이다. 본인이 주인이 되어 무엇이든 변화하려는 것이 참다운 명상법이다. 강사가 훌륭해도 받아들이는 사람이 마음의 문을 열지 않으면 삶의 변화가 찾아오지 않는다. 열린 마음으로 백 퍼센트 받아들여 삶의 변화를 만들어야 한다. 우리는 다만 전달자이며, 함께 공감해 주는 역할만 할 뿐이다. 무슨 일이든 마찬가지다. 목이 마르면 내가 직접 물을 마셔보아야 갈증이 해결된다.

우리의 주제는 양성평등이다. 현재 불평등하기에 이것을 바로 인식하게 알려주는 일이다. 양성은 어떤 일을 분별하는 데서 시작된다. 모두가 그냥 존귀한 사람이라고 생각하면 되는데, 인식의 변화가 필요하다. 유치원생들도 양성평등 교육을 받는다고 한다. 명상을 순수하게 접하는 교육이 중요하고 어른 세대의 인식변화도 중요하다. 노년 세대는 유교 사상이 뿌리내려 있다.

남녀를 동등한 인격으로 보려 하지 않는다. 남녀는 생물학적으로 구분할 뿐이다. 명상인으로 나는 모두가 평화롭고 행복하게 살기를 바란다. 존재를 있는 그대로 존중할 수 있다면 분별로 인한 불평등은 일어나지 않는다. 명상인은 근기에 맞게 공감해 주는 역할이면 된다. 우리는 재미있게 조별로 실습 준비를 한다. 이것저것 경험한 노하우를 현장에서 실습할 차례다. 궁금함을 해결하고 날마다 새로운 일을 추구해 보는 시간, 일상이 감사하다. 내게 어떤 대상이 선정될지는 모르지만, 소중한 사람의 소중한 일상을 만나게 될 것이다. 나는 그 상황을 지혜롭게 이끌 수 있을까.

누구나
좋은 사람을
원한다

  누구나 좋은 환경을 원하고 만나는 사람도 좋은 사람이기를 원한다. 하지만 좋은 사람도 나쁜 사람도 없는 것인데 우리는 늘 분별의 늪에 빠진다. 그렇다면 어떤 사람이 좋은 사람일까? 사람마다 생각이 다르나 선택은 자기 몫이다.

  일찍 산책하러 가는 중에 친구 전화를 받았다. 얼마 전부터 만났으면 했는데 시간이 서로 맞지 않았다. 오늘 시간이 어떤지 물어온다. 약속이 없다고 하니, 우리 집 부근 카페에서 차를 마시자고 한다. 우리 집으로 오라고 했더니, 굳이 밖에서 잠깐 보자고 한다. 친구는 가까운 곳에 살고 있다. 근래에 생긴 아늑한 카페로 갔다. 금방 구운 빵 냄새가 향기롭게 구미를 당긴다. 샐러드와 빵을 주문하고 내가 가지고 간 간식도 먹으면서 이런저런 이야기를 나누었다.

우리는 5년 전에 만나 외국어를 공부했다. 친구는 현재 몇 가지 역할을 하고 있는데, 참 장하다. 항상 밝은 모습으로 누구에게나 친절하게 잘 대한다. 남을 위해 헌신하는 봉사가 쉽지 않은데 싱글벙글 웃으며 많은 사람에게 칭찬받는 친구다. 만난 지 오래다 보니 서로 마음을 터놓고 이야기할 수도 있다. 이 나이면 스쳐 지나간 인연이 많은데, 진정 마음 나누기할 친구는 몇 명이나 있나 되돌아본다. 누군가 나에게 마음을 열어 이야기하면, 내 마음이 찡하게 울림이 온다. 고마운 마음이다. 초등학교 때부터 단짝이던 친구가 저세상으로 간 다음, 내 마음을 열고 말할 진정한 친구가 없다는 것이 나는 슬펐다. 때론 텅 빈 곳에서 나와 허물없이 소통할 친구는 누구지? 반문할 때도 있었다. 그러나 진정 그런 친구는 찾기 쉽지 않다. 내가 이기적이라는 것은 잘

알고 있다. 존재란, 옴도 감도 없는 불생불멸(不生不滅)
인데, 그렇지만 누구든 다가오면 마음껏 공감하며 친구
가 되고 싶다.

어제는 딸이 놀러 왔다.

"딸이 있어서 엄마는 참 행복하다."

"엄마 나는 딸이 없는데? 어떻게 하지?"

딸은 내 마음을 다 이야기할 수 있는 친구인데, 딸은
아들만 하나 낳았다.

"아들도 짝 만나면 자기 인생 살아야 하니, 아범하
고 지금부터 함께할 취미생활 찾아봐."

라고 이야기해 주었다. 나이 들어서는 부부가 해로
하며 오손도손 사는 것이 제일 아닌가. 속마음을 다 드
러낼 친구가 있다는 것은 기쁨이다. 또한 자주 만날 수
있는 친구가 좋다. 멀리 있는 친척보다 이웃사촌이 좋
다고, 자주 만나야 정도 들고 이야기도 허물없이 나눌
수 있다. 누군가와 진정으로 이야기 나눌 수 있다는 것
은 기쁨이다. 오는 사람 막지 말고, 가는 사람 잡지 말
자, 누구나와 친구할 수 있는 열린 마음으로 지내자.

꽃과 벌을 보는 기쁨

날마다 꽃과 벌을 볼 수 있다는 것은 기쁨이다. 여유를 즐기며 뒷산으로 올라가니 산책로에 멧돼지 발자국이 있다.

꽃과 벌

멧돼지 지나간 흔적

꽃밭을 지나 불과 얼마 안 되는 거리였고 때론 울음소리도 들린다. 아파트 거리와 매우 가깝다. 그런데 주말농장 농사를 짓는 곳이 가까이에 있다. 이곳에 와 먹이를 먹고 가나 보다. 산줄기가 숲으로 이루어져 전체를 한 바퀴 돌려면 빠른 걸음으로 두 시간이 걸리는 거리다. 흙길로 소방도로가 나 있어서 산책하기 좋은 곳이다. 가파르지도 않고. 그런데 이렇게 가까이에서 멧돼지 발자국을 보면 겁이 난다. 고라니가 뛰어가는 것을 자주 보았다. 자연이 어우러진 우리 동네 산책길, 파란 하늘이 아름답다. 자연과 가까이 지낼 수 있는 시간은 기쁨이다. 근심 걱정 없이 오직 꽃과 숲과 푸르름에 취해 기쁜 마음으로 발걸음 가볍게 오간다. 안·이·비·설·신·의(眼·耳·鼻·舌·身·意)가 건강하기에 꽃과 벌을 보며 기쁨을 느낀다. 보면 보는 대로, 느끼면 느끼는 대로 감사하며 기쁘게 살아가려고 정진 중이다. 모든 것이 이곳에 와 오래 산 덕분이다. 어쩌면 도시보다 자연을 좋아하기에 이사 갈 생각을 하지 않고 살고 있는지도 모른다.

하루라는 시간은 쏜살같이 지나간다. '영화 속 인간 심리'를 수강하는 요일이다. 바삐 서둘러 가는 길에 사진 한 장을 찍었다. 먼 훗날 한 장의 사진이 이날, 이 순간을 기억하게 할 것이다. 딸에게 사진을 보냈더니, 딸도 회사에서 인터뷰하는 사진을 보내왔다. 각자의 삶이지만 우리는 함께 살아간다. 중학교 2학년 어여쁜 손녀는 이번 1학기 전체 등수가 300명 중에서 9등을 했다고 카톡으로 보내왔다. 장하다고 답장을 보냈다. 학원을 보내지 않고 스스로 공부하도록 하는데 어릴 때부터 책읽기를 좋아했다. 대안학교에서 가는 해외여행을 신청했다고 한다. 아들 내외는 엄마, 아빠도 못 가본 여행을 한다면서 손녀를 부러워한다. 아들이 3주간 방학을 이용해 보내는 것이라고 한다. 학원을 보내지 않는 대신 여행을 보내는 자유로움을 주는 것 같다.

내가 사는 곳은 멧돼지와 고라니가 살고 딸은 최신 로봇 시설이 장착된 회사에 다니고 있다. 언젠가 나에게 회사를 탐방할 수 있게 해 주겠다고 한다. 손녀는 내일모레 출국한다.

"할머니, 해외 가기 전에 한 번 더 연락드릴게요."
"고마워요."
손녀와 이런 내용을 카톡으로 주고받았다.

처음에는 오고 갈 곳이 없어서 이 마을에 들어와 살게 되었다. 서울을 떠날 때는 서글펐는데, 이제는 시간이란 약이 평화를 준다. 시절이란 때를 잘 활용하며 참고 견디면 좋은 날이 온다는 것을 나는 체험했고 그런 점이 좋다. 나 또한 여가를 즐기면서 노후를 잘 보내고 있다. 단 한 번의 생이니, 마음 가득 기쁨을 담자. 이 순간이 소중하다. 탐·진·치(貪·盡·痴)의 노예가 아닌 걸림 없는 자유를 즐기며 기쁘게 살자.

나비가 된 날

활짝 핀 수국에 두 마리 나비가 노는 모습을 무심하게 바라본다. 우리 열 명은 오늘 수국처럼 향기로운 사람의 인솔을 받아 열 마리 나비가 되었다. 양평, 강을 끼고 들어선 건물은 카포레 갤러리, 많은 사람이 쉴 수 있는 공간이다. 건축가의 아이디어로 색다르게 지어진 카페 창가에 서면 산과 강을 한 자리에서 볼 수 있다. 일 층에서 입장료를 내면 차를 마실 수 있고 4층 건물 중 3층에서 본 전망이 아주 좋다고 한다. 입장을 안내하고 명찰을 주는 1층에 아주 순한 개 한 마리가 있다. 순하고 귀한 자세를 취한 개, 특이하게 생긴 개지만 나는 개에게 별 관심이 없기에 빙그레 웃기만 했다. 개는 유순하게 오는 손님들과 사진을 찍는 모델 노릇도 한다. 모두 개와 사진 찍기에 바쁘다.

3층에서 바라보는 풍경에 모두 감탄한다. 오늘은 넓은 3층 공간을 단독으로 사용할 수 있도록 배려해 준 것처럼 우리만의 자유로운 공간이 되었다. 얼마 전까지 붙들려있던 집안일들을 모두 잊고 하하하 웃으며 시간을 보낼 수 있었다. 이것이야말로 나들이의 기쁨이고 힐링의 순간이다. 포토에세이, 한 달에 한 번 사진을 찍으러 나오는 즐거운 답사 시간, 큰 꿈이 있다기보다 여가를 좀 더 알차게 보내고자 하는 아름다운 인생학교의 좋은 벗들과의 나들이다.

숨

 카포레 갤러리에서 '숨'이라는 작품을 감상한다. 작가의 상상력이 화려한 색상으로 탄생했다. 작품을 감상하는데 한 친구가 겪었던 '숨'에 대해 이야기한다. 팔을 다쳐 수술하고 병실로 돌아와 겪은 이야기라고 한다. 친구는 숨을 쉬어야 하는데 숨을 쉴 수가 없었다고 한다. 그 순간 친구는 아직 애들을 돌보아야 하고, 할 일이 많은데 왜 숨이 쉬어지지 않지, 하면서 숨을 쉬려고 무진 애를 쓰다 의식을 잃었다고 한다. 다행히 병실에 있던 사람이 친구 몸이 발끝에서부터 까맣게 변하는 것을 보고 바로 의사를 불렀다고 한다. 그렇게 위험한 순간을 넘기고 다시 귀한 숨을 쉬며 살게 된 이야기를 관심

있게 들었다.

    호흡이 멈추면 우리 존재는 사라진다. 수많은 사람 중에 만난 우리. 각각 살아온 길은 달라도 함께 웃고 이야기하며 아름다운 풍경에 취해 웃으면서 하루라는 시간을 함께하고 있다. 창밖으로 소나기가 지나간다. 우리 마음속까지 시원하게 잠깐 비가 내리더니 언제 비가 왔는가 하고 맑은 날이 되었다. 그 모든 풍경을 뒤로하고 걸어 내려오는데 꽃길이 아름다웠다. 각자 삶의 보금자리로 돌아가는 시간이 아쉬웠다. 좀 더 이곳에 머물러 있고 싶었지만 우리는 시간 속에 살아간다. 아름다운 우리의 소소한 이야기꽃을 가슴에 새기며 일상으로 돌아오는 길, 나비가 된 날이었다.

농부를 울린 멧돼지

친구가 놀러 온다고 하기에 오래간만에 호박을 사러 농장에 올라갔다. 농장집 아주머니는 내가 처음 이 동네에 이사 왔을 때 60대였는데 이제는 80이 넘었다. 주위에 종교재단 땅이 있는데, 그것을 인연으로 충청도에서 올라와 터를 잡고 살아가던 분들이었다. 오리, 닭, 개 등을 많이 길러서 자연스럽게 농장집이라고 불렀다. 달걀을 옛날식으로 짚 꾸러미에 담아 팔던 것이 생각난다.

그때는 결혼하지 않았던 막내딸까지 결혼해 자녀들은 다 나가 살고 지금은 두 부부만 남아있다. 부부가 밭농사를 지어 시내에 내다 팔며 살았는데 아저씨에게 치매가 왔다. 이제는 아저씨가 쉬운 농사도 아예 도와

주지 못하게 되어 아주머니 혼자 농사를 지어 서현역 부근 아파트 초입에 가 물건을 팔고 온다. 자녀들이 효자라 그런대로 오손도손 잘 살았는데, 아픈 남편을 혼자 두고 나갈 때마다 아주머니는 걱정이 많다고 한다.

혼자 농사를 지으니 올해는 손이 덜 가는 고구마를 많이 심었는데, 뿌리도 덜 내린 고구마밭에 멧돼지가 내려와 밭을 다 파헤쳐 놓았다고 한다. 겨울에도 집 앞까지 내려와 땅을 파놓는 바람에 울타리를 든든하게 해놓았는데도 소용이 없다고 아주머니 원망이 끝이 없다. 오늘은 간신히 남은 고구마 줄기를 손질해서 팔러 가려고 한단다. 나는 껍질을 벗길 시간이 없어 잘 해 먹지 않지만, 호박 대신 가져가라는 아주머니 말에 고구마 줄기를 사서 다듬었다.

아주머니는 내가 내려오는 길에 남편 밥이 걱정된다며 같이 내려왔다. 아프긴 하지만 남편이 있으니 때 되면 밥을 준비할 수 있어서 고맙다는 아주머니 말에 가슴이 찡했다. 바쁜 마음에 밥 먹는 것도 잊고 일하다 보면 때도 모르고 지나가는데, 이렇게 밥을 챙기러 올 수 있어 고맙다고 긍정적인 생각을 하는 아주머니. 젊어서 어렵게 6남매 기르면서 돈을 원 없이 벌고 싶었는데, 이제 살 만하니 아저씨가 아프다고 한다. 아픈데 돈이 무슨 필요 있는가 한다.

그렇다. 앞만 보고 바쁘게 살다 보면 돌아갈 시간이 가까워지는 것은 당연하다. 후회하지 않고 돌아갈 수 있는 사람이 얼마나 될까? 살아가는 길은 달라도 돌아가는 길은 누구나 겪어야 하는 과정이다. 농장집 아저씨를 보니 치매는 혼자 많은 시간을 보내는 사람에게 빨리 오는 것이 아닐까 한다. 아내는 수확한 작물을 가지고 팔러 나가고 아저씨 혼자 농사에 매달려 외로운 시간을 많이 살았으니 말이다.

짐승이 사람 사정을 어떻게 알겠는가마는 멧돼지가 한 농부의 마음을 울렸다. 울타리를 더 든든하게 해서 이런 일이 없었으면 좋겠다. 고운 마음씨의 아주머니를 생각해 아저씨의 건강도 더 나빠지지 않았으면 하는 마음이다.

부드럽게 말하면
얼마나 좋을까

가을학기 수강 신청 날이다. 9시 40분에 센터에 도착했다. 번호표는 앉아 있는 순서대로 뽑는다고 한다. 접수는 10시 30분부터, 처음으로 접수하는 경험을 하게 되었다. 옆에 앉아 있는 사람에게 표는 몇 시에 뽑나요? 하고 물으니 퉁명스럽게 "저기 접수처에 물어보세요. 내가 어떻게 알아요?" 한다. 나는 죄송합니다, 하고 웃으면서 조용히 기다릴 수밖에. 한 사람 두 사람 오기 시작해 접수처 부근에 사람들이 빼곡하게 모였다. 번호표를 뽑는데 나는 열여섯 번째였다. 퉁명스럽게 말한 사람은 바로 내 앞번호였다. 아는 사람 몇 명이 나에게 인사를 한다. 그러나 기분이 언짢아 가능하면 말을 하지 않고 기다렸다. 금방 30여 명이 와 기다리며 이야기 소리가 시끌시끌했다. 내겐 불친절했던 사람이 아는 사람을 만났는지 이야기하는 소리가 바로 옆에서 들린다. 두 사람은 왜 화장실 변기 뚜껑을 덮고 물을 안 내리는지 모르겠다고 우리 수준이 낮다는 식으로 이야기한다. 그러면서 해외여행 이야기도 한다. 연세가 70대 초반 정도에 옷도 잘 챙겨 입은 사람들이었다. 문화강좌 50퍼센트 혜택을 받기 위해 일찍 와서 접수한 사람들이다.

나이가 들어가면 좀 더 넉넉한 마음으로 부드럽게 말하면 얼마나 좋을까. 우리 반 좋은 벗들이 반기며 기다리는 사이에도 조금 전 불친절하게 대한 사람으로 인해 기분이 언짢았다. 순서대로 접수하고 볼일 있는 사람들은 가고, 포토에세이반 한 사람이 점심을 사겠다고 기다리라고 했다. 그렇게 남은 사람이 넷이었다. 7층 중식집으로 가 점심을 맛있게 먹었다. 우리는 먹는 데서 정든다는 말처럼 이야기하며 함께한 시간이 많을수록 새록새록 정이 드는 것 같다. 오늘 점심을 산 사람하고는 자주 이야기를 나누었기에 눈빛만 보아도 이해할 수 있는 시간이 되었다.

　문화강좌를 많이 들어도 생활 예절의 기본인 말을 부드럽게 하지 않으면 무엇 때문에 문화강좌가 필요한가. 물어본 사람이 무안할 정도로 처신하는 사람은 아름답게 익어가는 모습이 아니다. 말 한마디에 천 냥 빚 갚는다고 누구에게나 부드럽고 친절하게 말하는 문화인. 나는 어떤지 돌아보게 하는 시간이었다.

호캉스를
아시나요?

    7월의 마지막 날이다. 불볕더위로 바깥나들이보다는 실내에서 지내는 것이 제일이다. 방학이라 거리의 차들이 한산하다. 거기에 휴가철, 호캉스를 아시나요?
    간혹 딸 가족과 점심을 먹으러 가는 곳이다. 손자가 주말에 요리를 배우고 오후 시간을 이용해 1시 30분 예약을 했다고 한다. 영상 36도의 무더운 날이다. 가족이 한자리에 모여 식사한다는 것이 쉽지는 않지만, 딸네 가족과 여유 있게 점심을 먹고 나오는데 사람들이 줄지어 서 있다. 호캉스 온 사람들이 오후 3시 지나 접수하는 줄이라고 한다. 시대의 흐름이란다. 코로나로 해외에 나가는 것이 어려우니 국내에서 가족들이 즐기는 새로운 풍습, 꼭 다른 나라로 여행을 가야만 하는 것은 아니다. 열심히 일하고 자녀들과 수영장이 있는 곳에서 휴가를 보내는 모습이 한편으로는 보기 좋다.

사위가 모는 차로 강남을 지나면서 봉은사 사진을 찍고 빙그르르 한 바퀴, 서울 시내를 돌아서 들어오는 길에는 요한 성당이 있다. 또 한 컷을 찍었다. 하늘은 참 맑다. 차 안에서 자연을 감상하며 오는 시간은 기쁨 그 자체였다.

삼남매 기를 때 있었던 일이다. 지금 딸이 다섯 살, 어언 40여 년 전이다. 그때는 바닷가에 텐트를 치고 보내는 것이 흔한 바캉스였다. 속초 바닷가에 텐트가 즐비해 있을 때 이야기이다. 몇 집이 모여 함께 놀러 갔다. 텐트 밖으로 나간 아이가 없어진 것을 알게 되었다. 텐트가 똑같으니 다섯 살 딸은 어디가 어딘지 모르고 찾아오지 못했다. 방송실이 있어서 급하게 찾아가 방송을 했다. 수영복은 무슨 색을 입었고, 이름은 무엇이고 나이는 몇 살이고, 집은 어디라고 주소를 대 주었다. 얼마 후 딸을 만났다. 딸이 방송을 듣고 "저 방송이 나를 찾는 방송"이라고 해 어느 분이 방송실로 데리고 온 것이다. 우리는 얼싸안고 엉엉 울었다. 이산가족 만난 것처럼, 그때 딸을 잃어버렸으면 어떻게 할 뻔했는가. 아직도 그때 일을 잊지 못한다. 해마다 여름 휴가철이 돌아오면 생각나는 일이다. 세월이 흘러 딸과 3대가 자주 나들이를 하는 내 모습을 보며 모든 것에 감사한다. 일할 때 일하고 쉴 때 쉴 줄 아는, 멋을 아는 젊은이들의 호캉스에 찬사를 보낸다.

우리 함께 인도 영축산에서 아름다운 영혼

4부

지금, 소중한 이 순간

예쁜 꽃들이
올라오는
참 감사한 날이다

종일 비가 내린다. 우산을 쓰고 산책을 다녀왔다. 카톡 방에 예쁜 꽃 사진이 올라왔다. 보라색 도라지꽃이 옹기종기 모여 있는 것 같은데 꽃 이름은 '자주 꽃방망이'라고 한다. 높은 지대에서 피는 꽃으로 태백에서 찍어 올린 꽃이다.

숲속에서 노란색의 특이한 버섯을 발견했다. 작년에도 신기해 관심 있게 보았는데, 그 자리에서 또 볼 수 있었다. 네이버 식물 박사에게 물어보니 노랑망태버섯이라고 한다. '버섯의 여왕이라고 하는 화려한 버섯으로 서양에서는 드레스 버섯이라고 한다.' 주로 장마철에 나오는 희귀한 버섯이다. 망태처럼 얽혀 있고 옛날의 대학생들이 입던 망토와 닮았다고 하여 붙여진 이름이다. 레이스 모양의 화려한 망태를 2시간 정도 펼쳤다가 접는 버섯이라고 한다. 시간은 흘러 사계절이 지나고, 장마철이 되어 작년에 핀 자리에 또 피었다.

'금꿩의 다리'는 함백산에서 올려준 사진이다. 곱고 아름답다. 방금 찍어 올려준 선물로 보랏빛 꽃이 참 아름답다. 꽃밥이 수술대와 더불어 황금색이다. 그래서 '금꿩의 다리'라고 이름을 지었나 보다. 송이송이 금꿩의 다리, 보기만 해도 미소가 지어진다.

눈이 즐거우면 마음도 따라 기쁘다. 비 오는 날, 아름다운 자연에 취해 마음이 흐뭇하다. 아름다운 색을 선물하는 자연을 보면서 겸손해진다. 나는 과연 무슨 색을 가지고 있을까?

말을 물가에 데리고 갈 수는 있지만 마시게 할 수는 없다

　모든 일은 내가 겪어 보아야 안다. 말을 물가에 데리고 갈 수는 있지만 마시게 할 수는 없다. 화분에서 토마토가 붉게 익어간다. 이웃과 두 개씩 나누어 먹는다. 많아서가 아니라 보는 재미, 기르는 재미이다. 붉게 익은 토마토 보기만 해도 탐스럽다. 내 손으로 길러 나눌 수 있다는 기쁨이 있다.

　집에 있는 날은 책을 뒤적인다. 당신은 제 인생의 가장 소중한 선물이었습니다. 슬픔에 빠진 영혼을 희망과 치유의 길로 안내하는 43편의 이야기! 사랑하는 사람과 함께하는 오늘 하루가 얼마나 큰 축복인지 당신은 삶에 감사하고 있습니까? 그러나 우리 곁엔 삶의 일부

임순덕

분이 헤어짐이라는 것을, 그 슬픔과 고통이 얼마나 깊은지 먼저 겪어야 했던 사람들이 있습니다. 그들이 눈물을 멈추고 들려주는 용기와 희망의 이야기. 삶은 계속되기에….

누구나 태어나면 다시 돌아가야 한다. 다른 점이 있다면 그 시간이 짧거나 길뿐이다. 이론으로는 알아도 실제로 체험했을 때 오는 다양한 슬픔의 시간이 실려 있는 책, 『눈물 흘리지 않기』는 사별한 가족이 있다면 한 번쯤 위안 삼아 읽을 만하다. 어린 자녀를 잃은 슬픔에서부터 부모나 배우자를 떠나보낸 슬픔 등 다양한 이별의 동기가 실려 있다. 저마다 다른 삶의 이유 중에서 무엇이 가장 소중한지 되돌아보는 시간이 될 것이다.

마음의 치유는 스스로 해야 하지만, 간접 체험이란 책이 때론 위안이 될 수도 있다. 지인에게 추천받아 읽게 되었다. 이 책은 우리에게 특별하다. 사랑하는 사람과 함께할 수 있는 삶이 얼마나 큰 축복인지, 곁에 있을 때는 모른다. 떠난 후 후회해야 부질없는 일이다. 삼식이도 좋고 사식이도 좋다. 아프면 아픈 대로 함께 이야기할 대상이 있다는 자체로 행복이라고 생각한다면 잘못된 생각일까. 부부가 옆에 있을 때는 소중함을 모른다. 자녀들도 마찬가지일 것이다. 부부가 함께 소중함을 느끼며 살아갈 날이 얼마나 남았을까?

　　기쁨도 슬픔도 찰나이다. 그러나 현실은 현실이다. 돌아간 사람은 가슴에 영원히 남아 있고 산 사람은 살아가게 되어 있다. 마음은 청춘처럼 언제 무슨 일이 있었는가 하는 마음으로 오늘을 살아낸다. 시간이란 약으로 스스로 치유하며 살아내는 이 순간, 글쓰기도 그 한 과정이 될 수 있다.

지금, 소중한 이 순간

　장대비가 내리는 8월 영화 보기 좋은 날이었다. '한산 용의 출현'을 보았다. 손에 팝콘을 든 우리는 학생이었다. 인생 학교 친구들이니까 편안한 좋은 벗들, 모두 경로 우대를 받는 나이지만 이 얼마나 감사한가.
　아침에 해외여행 간 손녀가 보낸 동영상을 큰아들이 내게 보냈다. 무엇이든 잘하는 손녀의 장기자랑 영상이었다. 기특했다. 댄스, 영어연극, 노래까지 척척 하는 손녀의 성장기 영상을 보면서 눈물을 흘렸다. 중2, 저렇게 자유롭게 활동하는 모습을 보니 부러웠다. 1년에 책을 300여 권 읽는 책 읽기의 왕이기도 하다. 그러면서 다재다능하게 재능을 발휘하는 모습이 신기하고 대

견해 나를 울렸다.

　내가 자랄 때는 할머니가 엄하셔서 놀 줄 모르는 숙맥이었다. 나의 삼남매는 남편이 개방적이어서 자유롭게 기른다고 길렀다. 손녀의 모습을 보니 나의 어릴 적 일이 떠올라 저절로 눈물이 났다. 아이에게 성장기는 중요하다. 모든 일은 때가 있다. 하고 싶은 일을 못 하고 참고 견디는 것으로 나는 여기까지 왔다. 이제 주부 정년퇴직이라는 말로 모든 역할에서 자유롭게 되었다. 자유가 주어졌을 때 할 수 있는 일이 무엇일까, 찾다가 글을 쓰기 시작했다. 살아가는 데는 무엇보다 사람이 소중하다. 사람 속에 있을 때 사람은 잘 살 수 있다.

　자연이 계절에 맞는 색의 옷을 입듯, 사람도 때에 맞게 성장하면서 나이에 맞는 역할을 해야 한다. 나는 이제야 봄과 같은 마음으로 싱그럽게 살아 보고 싶다. 청순한 아이로 다시 태어난 마음으로 살고 싶다. 환경이나 주변은 할머니지만 마음은 청춘이다. 나뿐 아니라 대부분의 나이 든 이들은 그럴 것이다. 표현을 못 하고 과감하게 행동으로 실천하지 못할 뿐이다. 잔잔한 일상에서 기쁨을 느낄 수 있는 나만의 길을 선택하고 싶다. 각기 다른 개성을 가진 사람 속에 나는 한 사람이다. 나는 나로 살아갈 뿐이다. 스스로 기쁨을 만들며, 나의 장점을 살려 내 안에서 과거가 아닌 현재를 긍정적이고 적극적으로 살고 싶다. 마음은 행동으로 나타난다. 밋밋한 일상에 변화를 주고 싶다. 행동하는 내가 되자. 과거는 돌아오지 않는다. 지금, 이 순간이 소중하다. '선인 상봉 악인 멀리' 라는 말이 뇌리를 스친다. 누구에게든 악한 사람은 되지 말자.

마음 심(心)이다

겸허하게 하루를 시작한다. 코로나 양성판정이 나왔다. 모든 일은 마음 심(心)이다. 한 생애를 참선(參禪)하며 살다가 돌아가신 고우(古愚) 스님의 1주기 추모제가 문경 봉암사에서 있는 날이다. 2박 3일 금봉암에서 생활참선 도반들 4차 수련회에 동참하기로 했는데 취소했다. 이곳은 작은 암자로 스님께서 생존해 계실 때 거처하던 곳이다. 초파일 연등도 달지 않는 단순하고 소박한, 한 사람의 수행 공간이었다. 평범한 수행자의 공간이지만 스님의 정신이 살아 숨 쉬는 공간이다. 이웃집 할아버지처럼 인자한 모습이다.

코로나로 인해 참석하지 못해 스님을 생각하며 나의

숨소리에 고요하게 귀를 기울이는 시간을 가졌다. 한때 인연(因緣) 있는 스님이니 참석했다면 좋았겠지만, 내가 그곳에 참석한다고 무슨 일이 있겠는가, 또한 참석하지 않았다고 무슨 일이 있겠는가. 단지 내 마음의 파도일 뿐이다. 와도 온 바 없고, 가도 간 바 없는 불생불멸(不生不滅)인 인생이다. 없을 무(無) 자가 스쳐 지나간다. 말로 표현하지 않는 선(禪)! 우주 만법은 모두 진리, 진리 아닌 것이 없다고 한다. 오늘 하루 경건하게 나를 관조하는 시간을 갖자. 무(無)라는 말에 걸리지 않으면 모두 유(有)가 된다. 보이는 모든 만물이 아름답고 신비롭다.

　코로나로 목이 아프다. 며칠 두문불출하면 나으리라. 이런 시간이 나를 돌이켜 보는 시간이 되게 하니 오히려 고맙다. 모든 것은 마음에 달려 있다. 살아가는 시간까지 자연에 감사하며 아름답게 살자. 무생물, 생물, 일체가 하나인데 어찌 너와 내가 나뉘어 아귀처럼 다투겠는가. 좀 더 진지하게 사유하며 살 수 있다면. 내 안에도 아름다운 세상이 이루어질 것이라고 믿는다.

사진은 말한다

얼마 전 광화문 거리가 새롭게 단장된 후, 그 앞을 지나면서 찍은 사진이 말한다.

시민들이 더위를 피해 새롭게 만들어 놓은 휴식 공간에서 즐기고 있다. 자유로운 모습이다. 남녀노소 누구나가 발을 담그고 있는 서울의 중심, 광화문 앞의 풍경이다. 바로 옆에는 세종문화회관이 있다. 몇십 년 전에는 서울에서 제일 큰 문화회관이었던 세종문화회관. 그 앞에도 나무를 많이 심어 새롭게 단장했다. 세종문화회관에서 공연을 했던 남편은 훌쩍 떠나고 없다. 건물은 아름다운 추억을 남기고 우두커니 선 채 오면 오는 대로 가면 가는 대로 사람들을 반기고 있다. 고층 건물에 가려 지금은 세종문화회관이 크게 돋보이지 않는다.

    주변 전광판에 뜬 홍보영상을 본다. 'SOS 지구를 살려주세요' '환경을 보호합시다' 등등 화면이 화려하게 바뀐다. 이런 홍보물도 수시로 바뀌어 갈 것이다. 잠시 광화문의 거리를 거닐며 생각한다. 한 컷, 또 한 컷 사진을 찍는다. 시간이 흘러 다시 사진을 보면 오늘 찍은 사진은 또 많은 말을 할 것이다. 시대의 흐름이라는 것에 대해. 길 위의 길을 걷고 또 걷는다. 하늘 아래 서울 광화문에서.

관심이
사랑이라면
하고 싶다

　며칠 외출을 하지 못했다. 코로나바이러스와 정진 중이다. 관심이 사랑이라면 사랑하고 싶다. 숨 쉬는 시간까지가 존재로서의 삶이다. 나는 나만의 소중한 존재로 살다가 갈 것이다. 그사이 외롭지 않게 친구가 있었음 좋겠다는 바람을 가졌는데, 이번 코로나를 겪으며 절실하게 느꼈다. 혼자 아팠던 시간이라 더욱 그랬다. 말할 대상이 없었다. 사람은 관계의 그물 속에서 존재의 의미가 있다. 살면서 만난 인연들, 스치며 지난 많은 인연이 있지만 막상 나이가 든 후에는 부부가 아니면 그 누가 관심 가져 줄 수 있나? 아프면 서로 아파하

고 위로하며 다독이는 부부가 그립다. 자리에 누워서

"여보 물 갖다주면 좋겠어요.", "에어컨 켜주면 좋겠어요."

그런 부부 모습이.

손발이 되어 주는 부부가 있다. 무엇이 먹고 싶다면 집에 들어오는 길에 무엇인가 사 들고 들어가는 관심, 아픈 아내를 정성껏 보살피는 남편. 요양병원 가는 것이 일상처럼 되어 있는데, 남편은 사랑으로 아내를 보살피며, 나의 업보라고 생각한다면서 요양병원 보내면 죽으러 가는 길이라고 보내지 않고 십 년 넘게 아내를 보살핀다. 아픈 아내가 그것을 고마워하지 않고, 오히려 불평불만을 이야기한다며 남편은 답답해한다. 그 부부를 보면서 비록 환자일지라도 부부가 제일이라는 것을 생각하게 한다. 함께인 사람들은 건강하게 티격태격 하면서도 사랑이라는 것을 느끼며 사는 것일까? 남자와 여자가 느끼는 행복과 사랑의 감정은 다른 것일까.

함께 사는 부부는 지겹다고 하는데, 나는 황혼 길에

함께 손잡고 산책할 수 있는 친구가 있다면 참 좋겠다는 바람을 해 본다. 아직 나는 철부지인가? 이런저런 이야기도 함께 공감해 줄 친구가 있다면 노년의 길이 좀 더 행복하지 않을까 하는 바람이다. 만남에는 복잡한 일들이 이어질 것이다. 그러나 그런 것이 살아가는 에너지라 생각한다. 주름진 모습이지만 마음은 넉넉한, 한 사람의 인격을 존중해 주며 이야기할 수 있고, 들어줄 수 있는 친구.

남자와 여자의 생각은 다른 것 같다. 남자는 나이가 들어도 여자의 외모에 관심이 크고 나이 차 또한 있어야 한다는 고정관념이 있는 것 같다. 왜일까? 제 눈에 안경이라고 첫째 건강하고 의식주 해결되고 홀가분한 사람이면 쿨하게 친구 하겠다고 했다. 친구가 묻기에 한 말이다. 노후에 아름다운 길을 동행하는 건강한 친구가 있다면 이 또한 축복일 것이다. 며칠이 길다면 길고, 짧다면 짧게 지나갔다. 오늘은 모처럼 산책을 나가려 마음을 낸다. 큰아들이 전화를 걸어왔다. 내 건강에 관심이 많은 자상한 아들이다. 얼마 후 큰 며느리도 전화했다.

"어머님 좀 어떠신가 해서 전화드렸어요."

"마당에 쓰레기 버리러 가는 사이에 전화했구나. 많이 좋아졌어. 천천히 오늘은 앞산에 산책을 가보려고 해. 너희도 건강 조심해."

"오랫동안 기운 없는 후유증이 있는 분들이 많더라구요. 조심하셔야 해요."

"그래 조심할게. 고마워"

"산책길의 하늘~~"

한 장 찍어 보내며 카톡의 이야기가 마무리되었다.

얼마 후 딸에게 전화가 왔다.

"엄마 어때요? 목소리 좋아지셨네"

"응 오늘은 산책도 다녀왔지."

"잘하셨어요. 점심시간인데 옆에 동료가 자기 어머니가 코로나 걸렸다고 해, 엄마가 생각나 점심 먹기 전에 전화했어요."

"고마워 거의 좋아졌으니 점심 맛있게 먹도록."

가족이 있기에 이런 관심이 오고 간다. 고맙다. 관심

은 사랑이다. 어제는 작은 며느리가 전화해 한참 통화를 했다. 나는 며칠만 고생하면 되는데, 손자 외할아버지가 위암 초기 수술 후 3개월여 동안 병원에 계신다. 수술 후 경과가 안 좋아 고생하고 있다. 쾌차를 바란다. 바이러스와의 전쟁은 겪지 않아도 되는데 불청객으로 내 발을 묶어 놓았다. 가족들에게 걱정을 끼치고 있다. 집안에서의 생활뿐 아니라 마당이 있으니, 식물들과 친구하며 살피기도 하고 간혹 책도 읽고 자유로운 휴식 시간이 흘러갔다. 혼자 생활하는 집이기에 누구와 격리할 필요 없이 쉽게 잘 적응했다. 모든 사람이 코로나로부터 가볍게 지나가길 바란다. 나와 함께 두 사람이 동시에 코로나를 겪고 있다. 코디님과 하남에 사는 형님이다. 바이러스 전염이 빠르게 진행되는 것을 알 수 있었다. 과로하지 말고 청결하게 하면서 마스크는 필수다.

눈감을 때까지 배워야 하는 것을 절실하게 느낀다. 무엇이든 본인이 경험해 보아야 안다. 이론보다 실제 체험이 산교육이라는 것을 또다시 느끼면서 겸허하게 하루를 시작한다. 파란 하늘과 솔솔 부는 바람이 이 아침 감사하게 다가온다. 관심이 사랑이라면 하고 싶다. 아름다운 인생 아름답게 살고 싶다. 서로 의지하며 관심이든 사랑이든 힘차게 어둠을 밝힐 정진을 이어가며.

밝은 목소리가 반갑다

안마기 앞에 걸어놓은 손자의 사진이 위안을 준다. 얼마나 천진스러운가, 무슨 근심 걱정이 따르겠는가, 나도 함께 웃는다. 코로나와 먹고 자는 날들을 보내는 중에 손자 사진은 물론 친구의 밝은 목소리도 나에게는 에너지가 된다. 야간 근무하는 친구는 신생아 돌봄을 하는 산후조리원에 출근한다. 산부인과에 딸린 조리원이라 생후 1주일이 지난 신생아들을 보살핀다. 아기를 안아주는 귀한 직업을 천직으로 생각하며 눈이 오나 비가 오나 뚜벅뚜벅 걸어가는 친구가 오늘따라 귀하게 느껴진다. 아기들도 울다가 친구 품에 안기면 새근새

근 잠을 잔다고 한다. 언젠가 친구 직장에 견학을 간 적이 있다. 나도 아이들을 낳고 키웠지만 쉬운 일은 결코 아니다. 그래도 웃으면서 여유 있게 아기들을 잘 다루는 베테랑이었다. 4년제 간호학과를 나와 병원 근무 중 연애 결혼하면서 직장을 그만두고 잘 살다가 나이 들어 다시 일터로 나가게 된 현실을 긍정적으로 받아들이는 현명하고 고마운 친구다. 서현역 시계탑 있는 곳에서 시간이 여유로울 때 목소리를 들려주는 친구가 날씨가 선선해 좋다며 이야기를 한다. 코로나바이러스와 정진 중이라고 하니 혼자 힘들겠다고 위로해 준다. 아자 아자! 바이러스 물러가라, 친구의 밝은 목소리에 용기를 얻는다. 나는 열흘째니 이제 거의 끝나는 단계라고 했다.

한 사람이 삶을 마무리해 49재에 다녀온 날부터 지금까지 10일이 흘렀다. 계절은 완연하게 선선해 창문을 꼭꼭 닫는 가을로 다가가고 있다. 환자 아닌 환자가 되어 자유롭게 활동할 수 없는 상황, 실내에서 지내는 것이 조금은 지겹다. 그러나 조금 더 견뎌야 건강한 날을 맞을 수 있을 것 같다. 섣불리 움직이다가 더 심해질 것 같다. 엊그제 숲속을 거닐고 샤워를 했더니 힘든 시간이 다시 왔다. 며칠만 더 자제하자. 이제 약도 중단하자. 몸을 정상으로 회복시키려면 시간이 더 필요한 것 같다. 편도도 좋아졌고, 온몸이 아픈 것도 사라졌고, 코만 조금 답답하다. 요즘은 안마기가 효도한다. 하루에도 몇 번씩 안마기를 이용한다. 긍정의 에너지로 다시 일어나자. 이쯤이야 뭐~.

향로를 찾아 고마운 아들

젊은이들이 살기 힘들어하는 모습을 보면 안타까울 때가 많았다. 세월은 참 빨리도 흘러간다. 갑자기 향로가 필요하다는 아들의 전화를 받았다. 고요하게 향 한 대를 피우고 자기를 돌아보는 시간을 갖는 일이 쉽지 않은 시절이다. 전에 아들에게 향로를 건넨 적이 있다. 도자기 굽는 스님에게 선물 받은 것이 여럿 있었는데, 향로에 모래를 담아 사용하는 것을 원한다는 아들의 전화에 당연히 주겠다고 하고 전화를 끊었다.

40대 중반인 큰아들은 외국인 회사에 다니는데, 올해는 힘든 일이 겹치는 것 같았다. 그래도 작은 향로나마 힘든 아들이 원하는 것을 줄 수 있어 다행이다. 힘든 일은 본인이 헤쳐나가야 하지만, 그 일을 지혜롭게 해결하기 위해 사유의 시간이 필요할 테고 그때 필요한 것이 향로라니 얼마나 고마운지 모른다.

  나 역시 지금의 아들 나이일 때가 제일 힘들었다. IMF를 겪으며 남편 일이 힘들었다. 내가 소소하게 일을 알아도 적극적으로 도와줄 형편이 아니었다. 그런 어려움을 겪었던 나는 아들 또한 힘들고 어렵더라도 지혜롭게 그것을 극복하길 바라는 마음으로 지켜볼 뿐이다. 모든 시련은 사람으로 하여 시작되고 또한 사람으로 해결될 것이다. 보이지 않는 불안을 편안하게 다스리는 마음의 자세가 중요하다. 아들의 전화를 받은 후 향로를 꺼내고 30여 년 전 인도 갠지스강에서 가져온 모래를 찾아 향로에 담았다. 갠지스강 모래는 밀가루처럼 아주 곱다. 그때 인도에서 구입한 향나무로 깎은 좌선하는 부처님과 금강경을 건네려고 준비했다. 금강경은 경제적으로 제일 어려울 때, 마음 내어 300권을 법 보시한 것이다. 큰아들이 장교로 군대에 있을 때, 생일날

인쇄해 보시했는데, 지금도 누군가의 책장에 꽂혀 있을 것이다.

"이 마음 닥치는 대로 굴러가건만 바뀌는 곳 자기도 실로 모르나니 천만번 굴러가도 하나인 줄만 알면 기쁨과 슬픔에 속지 않으리"

'금강같이 견고한 지혜로 즐거운 저 언덕에 도달하는 길' 힘든 순간을 지혜롭게 잘 견디어내길 바라는 마음이다. 정심(正心)으로 날마다 좋은 날 되길 바라는 엄마가, 아들에게 주기 위해 준비한다. 모래며 금강경, 불상 등을 찾다 보니 여러 단체에서 받은 상장, 상패, 대통령 이름이 찍힌 손목시계, 신문에 실린 이야기, 총무원장 상패 등 세월의 흔적이 가득하다. 모두 아들 덕분이다. 내 삶의 자취가 여기에 고스란히 들어 있다. 조폐공사에서 만든 만공 대선사 사진도 함께 건네려고 꺼내두었다.

나의 아들이 향기로운 사람으로 거듭나길 바란다. 힘든 시간 또한 '이 또한 지나가리라' 하는 넉넉한 마음으로 여유롭게 받아들였으면 하는 바람이다. 세 살에 한글을 이해하고, 다섯 살에 미술 학원에서 동극 주인공으로 한복을 입고 1시간여 대사를 줄줄 외워 많은 사람의 칭찬을 받던 아들이었다. 오늘 아침, 나는 사랑하는 나의 아들이 품이 넓은 여유로운 사람으로 살아갈 수 있기를 두 손 모아 합장하고 감사기도 드린다.

인간관계도
유효기간이 있다

지금까지 살아오면서 스쳐 지나간 사람들이 얼마나 많은가. 그러나 인간관계도 유효기간이 있다. 자가격리 1주일, 이유가 있어서 정한 것 같다. 좀 더 안전해진 다음 움직이려고 참고 견디었다. 꼭 움직여야 하는 중요한 역할이 있는 나이도 아니다. 노령자로 이만큼 참고 견디는 것은 남에게 가능하면 피해를 주지 않으려는 마음에서다. 그러나 한 달 전에 계획한 1박 2일 여행에 동참해도 되는지, 팀장에게 전화를 했다. 그랬더니 2주일이면 편안하게 오세요, 하면서 비슷한 시기에 두 사람도 걸렸어요. 여유롭게 대답해 주어 참으로 고마웠다.

여덟 명이 움직이는 나들이. 보름 만에 처음, 사람을 만나러 외출하는 것이다. 가평 칼봉산 휴양림으로 간다.

까칠하게 "좀 더 쉬세요." 했으면 마음이 얼마나 불편했을까. 긍정으로 대답해 주는 그 사람의 마음이 고마웠다. 역사인문학반이 주체가 되어 움직이는데, 어찌 나도 인연이 되어 처음부터 동참하게 되었다. 이 모임은 여유로운 만남으로 사람과 사람 사이의 관계를 좀 더 친밀하게 하기 위한 모임이다. 만남은 소중하다. 서로 배려하며 이해하고 다독이며 존재 자체로 감사하고픈 모임, 인생의 황혼을 붉게 물들어가는 노을처럼 살고 싶다. 세 번째 나들이인 별밤지기 날이다.

이번 코로나19를 겪으며 자가격리 시간이 나만의 사유(思惟) 시간이 되었다. 과연 나는 어떤 사람인가 되돌아보았다. 아무런 힘도 없다. 능력도 없다. 재능도 없다. 그저 숨 쉬는 시간까지 무엇인가 소비하며 지내는 소비자에 불과하다. 보다 적게 소비하며, 단순하고 소박하게 살아야 한다. 말없이 누군가의 이야기를 들어줄 인내심은 준비되어 있다. 얼굴에 환한 미소를 지으며 친절하게 대할 수도 있을 것 같다. 매사를 긍정적으로 받아들이면서 공감해 줄 수도 있을 것 같다.

말, 말, 말 너무 혼란스러운 말의 세상이다. 그 말을 듣기만 하는 내가 되려고 한다. 문제 해결은 본인이 해야 하지만, 들어 주는 사람이 있어야 말하는 사람이 있을 것이다. 나라는 사람이 누구에게나 편안한 느낌을 줄 수 있었으면 좋겠다.

오늘은 이웃에서 복숭아도 가져오고, 큰며느리가 쑥을 넣어 만든 기지 떡도 택배로 보내왔다. 고맙다고 카톡을 보냈더니, 며느리도 어제부터 코로나바이러스와 정진 중이라고 한다. 직장에서 전화가 계속 와 쉬지도 못하는 상태에서 열이 난다고 한다. 고생하는 며느리가 속히 정상적인 생활을 할 수 있기를 바란다. 집에 있는 호두를 껍질 벗겨 함께 나누어 먹으려고 준비한다. 그런데 호두 속이 다 상했다. 왜일까? 몇 년째 이런 일은 없었는데, 원인은 이번 장맛비에 젖은 것이었다. 아하! 그것을 방치해 둔 결과다. 원인 없는 결과 없다는 것을 또 깨닫게 되었다. 호두가 값이 나가는데 아깝다.

거의 다 상했다.

우리의 만남도 원인 없는 결과가 없다. 이왕 떠난 여행, 반갑고 유익한 시간이 될 수 있도록 순간순간을 잘 지내다 오자. 별에 대한 시도 낭송하는 아름다운 밤이 될 것이다. 8월의 마지막 날이다.

내 생일

　우리 집 담장에 담쟁이가 곱게 물들어간다. 마당과 벽 사이에 풀을 뽑고 담쟁이를 구해와 심었다. 처음에는 테이프로 고정해 물을 주며 살아 있나 확인했다. 정성스레 관찰하며 물을 주어 뿌리를 내리게 했다. 수년이 지난 지금은 아름다운 담쟁이가 내 마음을 넉넉하게 해 준다. 서쪽 방향, 지나가는 사람들도 잠시 눈을 돌려 미소 짓는다. 노을이 질 무렵이면 더 아름답게 반짝여 그 모습을 볼 때마다 빙그레 웃음을 머금는다. 내 생일을 앞당겨 가족이 다 모인 날이다.

　내가 사는 동네는 항상 길이 밀리지만 연휴 3일이

겹친 날이라 교통 상황이 더 복잡하다. 추석 전후에는 차가 정체되어 움직이지 않는다. 나는 태재고개를 기준으로 성남시와 광주시의 경계인 동네에 살고 있다. 아, 차가 오지 않는다.

서울 중심지에서 살다가 이곳으로 와 20여 년이 지났다. 그 사이 나의 분신인 삼남매는 결혼했다. 그리고 한 집에 한 명씩 보배들이 태어났다. 우리 가족은 모두 모이면 두 손을 쫙 편 숫자, 열이 된다. 바라보기만 해도 부자가 된다. 그 열 명이 다 모였다. 내가 늦게 도착해 음식점에서 머무르며 점심 먹는 시간이 짧아졌다. 내년에는 온 가족이 가족여행을 가야겠다는 생각이 든다. 초등학교 1학년 막내 손자가 놀고 싶어 한다. 이런 만남도 내가 살아있을 때나 가능한 일이 아닌가.

한참 일할 나이들이라 형제끼리 얼굴 볼 시간이 일년에 몇 번뿐이다. 건강하게 어느 분야에서든 성실하게 일하고 최선을 다하는 나의 고마운 삼남매들. 어려운 환경에서도 잘 성장해 모두 맞벌이를 하는데, 손주들도 잘 자라고 있다. 이 이상 나는 부러울 것이 없다.

사는 날까지 내 건강 챙기면서, 건강하게 손주들 자라는 모습 보면서 살면 된다. 초등학교 1학년, 4학년 꿈돌이, 중학교 2학년 손녀는 이제 숙녀가 되어간다. 아기 때부터 책을 좋아하더니 무엇이든 잘한다. 고맙고 감사하다. 반듯하게 하고 싶은 일 하면서 건강하게 성장하길 바라는 마음이다.

"69번째 생신 진심으로 축하드려요.

할머니 저 민정이에요. 저번 추석 때 시험이 얼마 남지 않아서 피곤하기도 했고 공부도 안 한 것 같아 죄송했어요. 그래도 오늘 가서는 공부도 안 하고 시험도 끝났으니 잘 있다 올게요. 저희 가족과 재현이, 서윤이 가족에게도 항상 좋은 말만 해주시고 응원해주셔서 감사합니다. 갈 때마다 정성스럽게 주시는 밥 많이 먹고 무럭무럭 커서 자랑스러운 민정이가 될게요. 그때까지 건강하시고 항상 행복하세요. 저 이번 중간고사 때 전 과목에서 두 개 틀려서 시험 잘 봤어요!"

손녀는 기특하고 장하다. 학원은 수학만 다니면서

스스로 혼자 열심히 한다.

"그래, 고맙다. 행복은 성적순이 아니라고 하지만 공부를 잘하는 학생은 행동도 바르게 한다는 것을 이 할미는 이해할 것 같다. 반듯하게 잘 성장해 주어 고맙다. 할미는 생일에 손주들이 건강하고 반듯하게 성장하는 걸 보며 보람을 느낀단다. 고마워요."

밤나무는 조상을 의미한다고 알고 있다. 뿌리에서 가지가 번성한다고 한다. 과연 이 할미는 손주들에게 어떤 모습으로 보일지 옷깃을 여민다. 건강하게 무럭무럭 성장하는 손주들도 보고, 이런 큰 선물도 받았다. 고사리손으로 할머니에 대한 글을 쓰고, 그림을 그리는 순간에는 오직 할머니인 나를 생각했을 것이다. 고맙다. 풍요로운 열 명의 대가족이다. 이 글을 쓰면서도 흐뭇하다.

유튜브를
공개한 날

　주말에 가족이 다 모였다. 그런데도 무엇인가 아쉬운지 딸이 점심을 하자고 한다. 정자동 일식 '스시쿤'에서다. 좁은 공간에 단 몇 명만 예약으로 운영하는 곳이라고 한다. 손님 앞에서 직접 요리를 해 정성껏 내놓는다. 이것은 무엇인지 설명해주며 이렇게 드세요, 하고 방법도 알려준다. 손님은 여덟 명, 옆 사람에게 말소리가 들릴까 봐 작은 소리로 이야기했다. 나이는 내가 제일 많고 젊은 사람 두 쌍과 중년 한 쌍과 우리였다. 차례대로 나온 음식이 맛이 좋았다. 마지막에는 딸과 추억을 만들었다.

오늘은 내 이름으로 유튜브를 올린 날이다. 딸의 도움을 받았다. 이런저런 일들에 내 손이 되어 주는 딸이 고맙다. 의미 있는 날, 흐뭇하다. 얼마간의 정성과 주위의 도움을 받아 '줄탁동시'란 동영상을 올렸다. 도전정신이다. 한 사람의 행으로 또 한 사람의 삶이 전환된 이야기다. 무연자비를 실천한 보현보살행의 주인공인 불교여성개발원 초대 원장님 이야기였다. 유튜브를 보는 이들에게 조금이나마 감동을 주었으면 하는 바람으로 영상을 제작하였다. 저녁에는 친구들과 저녁을 간단히 했는데, 꼭 같이 저녁을 해야 한다는 고마운 친구가 있다는 것, 나는 복이 많은 사람이다. 꿀과 여러 가지 잔잔한 소품을 선물로 받았다.

종로구
송현 잔디광장을
아시나요

　가족 명상 친구들과 개발원에 모여 올해의 결과와 내년의 계획을 이야기했다. 그리고 송현 잔디광장을 거닐기로 했다. 여성개발원은 조계사 옆에 있다. 국화로 장식한 아름다운 조계사 경내를 구경했다. 제37대 총무원장 취임식이 있었다. 국화와 하나가 되어 잠시 경내를 거닐며 감사함을 느꼈다. 도반들과 한국불교역사문화 사진전을 구경하고 몇 명이 점심도 먹고, 여유롭게 거닐었다.
　인사동에서 경복궁 쪽으로 높게 솟았던 담장이 엊그제 철거 작업을 마무리하고 꽃길과 광장으로 바뀌었다.

예전에는 미군이 주둔해서 철조망이 높았고, 그다음에는 중앙정보부가 있었다. 높은 담장이 없어지고 잔디광장으로 변화한 지 불과 2일, 코스모스를 바라보는 모습을 친구가 찰칵했다. 평화롭고 자유로웠다. 광화문 광장과 이어지는 곳에서 여유로운 시간을 가졌다.

무엇을 행하든
기쁜 날로 맞이한다

    오늘은 대구에서 온 비비안 조님 덕분에 귀천에서 한가롭게 차를 마시고 이야기를 나누었다. 노원구에서 온 열정의 아이콘님과 나, 우리는 모두 줌으로 공부하며 만난 사이로 작가라는 호칭이 적합한 사람들이다. 우리는 주위에 보탬이 되었으면 하는 마음으로 글을 쓰고 실천하는 사람들로 서로 자연스럽게 만나 실력을 향상하고 기쁘게 살기를 다짐하였다.

    청와대가 개방된 후 입장이 자유로워진 줄 알고 두 사람과 그냥 갔다가 인터넷 접수를 하지 않아 들어가지 못했다. 그래서 고즈넉한 가로수가 우거진 춘추문 길을 거닐고 인사동을 지나 송현 광장을 지나 경복궁 담길을 걸었다. 한 바퀴를 돌고 다시 광화문 광장으로 와 쉬었다. 한글날이 낀 3일 연휴 기간이라 가는 곳마다 사람이 많아 밀려다녔다. 이제 사람들은 코로나를 의식하지 않는 것 같다.

나의 글에 꼭 댓글을 달아주는 사람들, 그 정성이 고마웠다. 우리 셋은 두 번의 만남 이후 가까워졌다. 직장에 다니는 팔방미인 작가, 다재다능한 재주를 가지고 능력을 향상시키는 사람, 바쁜 가운데도 그들은 꼬박꼬박 '일상을 명상처럼' 블로그에 댓글을 달아준다. 글을 통한 소통으로 나의 일상을 다 이해하는 사람들, 두 친구는 작가님처럼 살고 싶어 한다.

나는 찻집 귀천에 걸려있는 '행복'이라는 시를 좋아한다.

행복

나는 세계에서 제일 행복한 사나이다
아내가 찻집을 경영해서 생활의 걱정이 없고
대학을 다녔으니 배움의 부족도 없고

시인이니 명예욕도 충만하고
이쁜 아내니 여자 생각도 없고
아이가 없으니 뒤를 걱정할 필요가 없고
집도 있으니 얼마나 편안한가
막걸리를 좋아해 아내가 다 사주니 무슨 불평이 있
겠는가

    살아가는 날들을 표현한 순수한 이 시가 좋다. 걸림 없이 살았다는 것을 느낄 수 있다. 시인의 아내가 운영하던 곳에서 대추차와 오미자차를 마시며 우리는 무슨 맛을 내며 살고 있는지 뒤돌아보고 앞길도 생각한다. 모두 귀한 시간 이렇게 함께할 수 있어서 고마웠다. 우리는 네이버 블로그에서 글 쓰는 사람들로 만났다. 첫 번째 인연의 다리를 놓아준 신상대 작가님께 감사드린다. 줌으로 글쓰기 수업을 들으며 인연이 시작되었다. 이 순간, 무엇을 행하든 기쁜 날로 맞이할 수 있다. 그런 날들이 쌓여 아름다운 색으로 풍요로운 계절을 맞이할 수 있지 않을까.

친구에게
받은 선물

    비가 내리다가 햇빛을 선물하다가 또 비가 내리는 이상한 날씨였다. 친구에게 수제 침향 공진단을 선물 받았다. 태어나 처음으로 이런 선물을 받는 것 같다. 그동안 딱히 아픈 적이 없었는데, 코로나를 겪고 난 후 기력이 없었다. 친구가 어떻게 알고 이런 선물을 가지고 와 고맙다. 나이가 들긴 들었나 보다. 지금까지 살면서 건강을 위해 약을 챙겨 먹지 못했고, 외모에도 신경 쓰지 못하고 오직 하루하루 살아가는 데만 관심을 가졌다. 그렇다고 경제적 여유가 없는 것도 아니었다. 건강하기에 관심 두지 않았을 뿐이다. 이번에 코로나를 겪고 나니, 아프기 전과 다르다는 것을 알았다. 애들이 간혹 홍삼은 선물하지만, 공진단은 처음으로 먹는다. 친구는 '황금만냥'이라는 글귀도 직접 써 왔다.

가을의 문턱에서 풍요로운 계절을 맞이하라고 글귀를 써 가져온 오랜 친구. 붉게 물드는 나뭇잎들이 한 잎, 두 잎 보인다. 우리 나이도 낙엽의 나이쯤 되었을까? 친구야 고마워! 언젠가는 우리도 곱게 물든 색으로 떨어질 것이다. 나에게는 여러 명의 친구가 있는데, 아플 때 아파하고 이런 약을 챙겨주니 정말 고맙다. 나는 친구에게 아로니아 분말을 선물했다. 오고 가는 정이 이런 거다. 건강해야 움직임이 쉬워진다. 건강하게 오늘도 힘차게 긍정의 생각으로 하루를 시작하자.

감사하며
살아야 할 일이
얼마나 많은가!

아침에 일어나 책상에 앉아 글을 쓴다. 이제 습관이 되어간다. 때론 제목을 무엇으로 해야 하나 한참을 생각해도 떠오르지 않을 때도 있다. 생각할 수 있다는 것, 하늘 아래 존재하는 생명, 감사하며 살아야 할 일이 얼마나 많은가.

강원도 철원 오지에서 온 고추가 있다. 어느 농부의 땀으로 기른 고추다. 명상을 마치고 도반들과 손질을 했다. 철원 도로변에서 말린 것이라 그런지 먼지가 많았다. 그러나 기분은 좋았다. 햇볕을 많이 쬔 흔적이라고 할까? 손질하는 내 손에 오기까지 고추에는 많은 사람의 수고가 깃들어 있다. 태양초 찾기는 힘들다. 한 번 기계로 건조한 다음 햇볕에 한 번 더 말린다고 한다. 널고 거두어들이기를 여러 번, 나의 손에까지 왔다. 어느 날부터인가 매운 것을 잘 먹지 않게 되었다. 고춧가루가 많이 필요하지는 않지만 백김치를 담그지 않는 이상 김장에는 고춧가루와 소금이 기본이다. 포장된 고춧가루를 사 먹어도 되지만 혹여라도 탄저병 걸린 것이 들어갈까 봐 이렇게 사서 직접 닦아 햇볕 좋은 날 옥상에서 하루 말린다. 그리고 모란장에 가 가루로 만들어 온다. 한 근에 2만 원, 열다섯 근을 구입해서 이웃과 함께 나누어 먹을 것이다. 조금이라도 나누어 이웃을 행복하게 할 수 있다면 얼마나 좋은가. 잔잔한 일상에서 할 수 있는 일이다. 나눔에서 오는 기쁨은 나의 기쁨이다. 준비한 것을 건네는 것으로 나의 일은 끝이다. 상대에게 물건이 간 다음, 그다음은 그 사람의 몫이다. 산다는 것은 이런 것 아닐까. 내가 하고 싶은 일을 주저 없이 실천할 수 있다는 것이 감사하다.

보랏빛 사랑이라고 할까? 활짝 핀 국화가 좁은 뜰에

두 묶음으로 묶여있다. 보기 좋았다. 아름다운 꽃을 오래 보기 위해 쓰러지는 것을 묶어 놓은 것이다. 사람도 보이지 않게 이렇게 도움이 필요한 사람이 있을 것이다. 관심이란 한 생명의 삶을 아름답게 마무리할 수 있도록 하는 동기가 된다. 많은 것을 가지고 있어서가 아니라 조그만 관심만으로도 기쁘게 오늘을 맞이할 수 있다. 더불어 나누어 먹을 생각에 빨간 고춧가루가 참 고맙게 느껴진다.

이 순간에도 수많은 별이 뜨고 진다

맑은 가을 하늘, 바람이 살랑 분다. 경기도 광주시에 있는 영은미술관 앞에서 일곱 명이 만났다. 불교여성개발원 여성불자 108인회 제7대 양경윤 회장의 인솔로 우리는 추모장에 도착했다. 108인 불자 3차 회원이었던 분을 추모하는 자리다. 공교롭게도 오늘이 별세한 지 한 달이 되는 날이다. 추모 장소가 있는 2층으로 올라갔다. 양경윤 회장은 대학 선배인 방혜자 님에게 추모의 마음을 담아 '사랑했습니다'라는 글을 정성스럽게 써 붙였다. 잠시 단아한 모습의 고인을 생각하는 시간을 가졌다. 한 생을 화가로 올곧게 살아온 고인의 흔적이 여기저기 남아있다.

    방혜자 님은 국내 첫 프랑스 국비 유학생으로 선정돼 1961년 프랑스 파리로 유학을 떠나 파리 국립 미술학교(에콜 데 보자르)에서 수학한 뒤 프랑스와 한국을 오가며 왕성하게 활동했다. 한국 추상 미술 제1세대인 고인은 작가 생활 내내 빛과 생명, 우주를 표현하는 데 주력한 화가이다.

    2018년 프랑스 샤르트르 대성당에 설치할 스테인드글라스 장식을 위한 작품으로 고인의 그림이 선정됐다. 샤르트르 대성당은 프랑스의 국보급 문화재이자 유네스코 세계문화유산인데, 그 장식에 해외 작가가 참여한 것은 처음이었다고 한다. 고인께서 생전에 빛을 통해 추구했던 평화, 사랑, 생명과 존귀함의 가치가 앞으로도 세상을 더욱 밝게 비춰주길 기원한다는 박보균 장관의 조전도 있었다. 2층에서 생전의 고인을 추모한 우리는 1층 전시관을 구경했다.

'차경(借景)과 자경(自景)사이' 스물네 개의 빛 바람

나무와 자개는 나의 오래된 표현 매체이다. 무수한 시간을 숲에서 존재해온 나무는 그들의 자리를 떠나 우리의 삶과 밀접하게 지내오다 마침내 나와 조우하여 인고의 시간에 대한 보상처럼 다른 생명의 숨결이 되어 내 안으로 들어온다. 자개는 오래 머물던 심연(深淵)의 고향을 떠나 제 몸을 켜켜이 나눈 공정을 거쳐 혼불이 담긴 결로 찰흙 속 밤바다의 등대처럼 나에게 다가온다. 나무는 숲의 바람 소리를 그리워하고 자개는 바다의 윤슬에 대한 향수를 지니고 있다. 이들이 지니고 있는 귀소본능은 내 기억의 공간인 안방과 마루에 비치는 따뜻한 빛이 되어 나에게 스며온다.

이제 또 다른 표현과 공간의 확장을 위하여 나무는 소성되어 한 줌의 재로 검게 탄소화되고 자개는 산산이 부서져 빛이 된다. 이들과의 조우가 빚어낸 심현(深玄)의 공간에는 근원을 찾아가기 위한 회귀본능이 운율이 되어 흐르고 생명의 빛이 잉태되어 있다. 나에게 중요한 것은 나무와 자개가 지닌 물

성적 현상만이 아니다. 그것에 내재 된 고유의 근원에 대한 그리움, 이것은 비롯된 곳과 머무는 곳이 다른 존재로 현시대를 살아가는 나에게 삶에 대한 본질적 물음으로 다가와 동질적인 귀소로 몰아 일체 된다. 그 빛과 결이 나의 손길에 의해 시간과 공간을 머금고 살아나길 바라는 마음이다.

_김덕용

이 순간에도 지구상에는 수많은 별이 뜨고 진다. 아름다운 지구별로 와 아름답게 흔적을 남기는 별도 있고, 무명으로 사라지는 별도 있다. 모두가 숨 쉬는 것만으로도 소중하고 평등한 존재이다. 오늘도 함께 만나 하루라는 시간을 경건하게 추모하고, 그림까지 감상하며 웃고 지낼 수 있어 기뻤다. 이런 날들이 더 풍요로운 내일을 위한 정진의 날이라 생각된다.

생활 참선 명상 지도사
10월 공부를 했다

줌으로 생활 참선 명상 지도사 10월 공부를 했다. 귀 기울여 듣는다는 것은 침묵을 익힌다는 말이기도 하다. 침묵은 더 말할 것도 없이 자기 내면의 바다이다. 보이는 사물을 있는 그대로 볼 수 있는, 일상의 삶을 살기 위해 명상하고 마음을 다스린다. 순수 바탕에 예쁜 색을 입혀 표현하는 기초작업 그림을 그리듯이 말이다. 마음의 심상을 도화지 위에 그리는 것과 마찬가지다. 순백의 백지 위에는 무엇이든 다 표현할 수 있다. 우리의 마음도 마찬가지이다. 어떤 생각으로 사물을 보고 느끼고 표현하는가에 따라 살아가는 방법이 각각 다를 것이다. 어떤 사람을 대할 때, 그 사람과 몇 번의 말로

그 사람의 성격을 어렴풋이 알 수 있다. 말은 우리의 일상에서 중요한 역할을 한다. 그런 말이 혼자 생활할 때는 침묵으로 대체된다. 누구와 말할 상대가 없다. 현관문만 열고 나가면 옆집 부부의 이야기 소리가 들린다. 사람 사는 것 같다. 거기에서 오는 혼자라는 생각이 간혹 외로움으로 다가올 때가 있다. 그러나 모두 생각의 차이다.

일부러 침묵하며 내면을 살피는 수행이 있다. 참선이고 명상이다. 왜 사는지? 어떻게 살 건지? 인간의 수명은 한계가 있는데, 이왕 태어났으니 사람답게 살다 가려고 하는 것이다. '사람답게', 무엇을 '사람답게'라고 할 수 있을까? 모두 본인이 살아온 환경의 업이다. 그 업이 옳은 일인지 그른 일인지 알고 살기 위해 정진하는 것이다. 하루 24시간은 누구에게나 똑같이 주어진다. 그 시간을 어디에 사용하며 살아가는가는 본인의 몫이다. 가랑비에 옷 젖듯이 우리의 일상을 어느 곳에 관심을 두고 사는가에 따라 삶의 방향이 정해지는 업(業)일 것이다. 몸과 입과 마음으로 짓는 선악(善惡) 소행이다. 분별심이 없는 참 나로 살 수 있다면 명상의 고수라고 말 할 수 있을까?

그러나 사람이기에 생각하며 살게 된다. 의식주 해결이 기본이다. 그런 일상의 바탕 위에 자기답게 살아가는 것이다. 어떤 방향으로 목표를 정하든 열심히 살아가는 우리들이다. 죽음을 맞이했을 때, 잘 살다 간다며 뿌듯해하는 삶을 살 수 있다면 최고의 삶이 될 것이다. 도량(度量)이 넓은 사람으로 살 수 있다면 좋을 듯하다. 분별로 하여 살아가야 하는 일상이다. 그런데 어떻게 도량이 넓은 사람으로 살 수 있을까? '일상을 명상처럼' 도화지에 그림을 그리듯이 명상한다. 연습이 대가를 만든다고, 하루 5분이라도 잠시 자기를 돌아보는 시간을 갖는 것이다. 스스로 갈고 닦는 것이다. 내가 사는 오늘이란 일상에서 나답게 살기 위해 다스리는 시간이다. "나·바·오"란 축약어를 사용하는 교수가 있다. '나를 바로 보는 5분 명상'의 줄임말. 현대인들이 바쁘게 살고 있는데 왜 사는지, 어떻게 살 건지 스스로 점검하는 시간을 갖자는 것이다.

일상 중 글을 쓰는 것이 나의 업이 되어간다. 숨은 나 스스로 쉬어야 한다. 본능이다. 주인으로 살기 위해 다스리는 시간을 갖는 것이다. 무엇인가 표현하는 나만의 자유이다. 쓰고, 읽고 하는 것이 일상의 한 부분을 차지한다. 하루를 감사하는 마음으로, 입가에는 미소를 머금고, 기쁨으로 이 아침을 시작한다.

만남의 시간이
앞으로 다섯 번이나 될까?

우리가 고마워해야 하는 것, 예술작품은 우리가 볼 수 있는 하나의 세계를 넘어 세상에 존재하는 예술가의 수만큼 많은 세계를 볼 수 있게 해 준다. 우리 만남의 시간이 앞으로 다섯 번이나 될까?

코로나로 인해 만나지 못하다 여섯 명 전원이 모였다. 1년이 훌쩍 지났다. 한 사람이 새집을 준비해 이사했고 집들이 겸 만남이 이루어졌다. 이런 만남도 주선하는 사람이 있어야 성사가 된다. 집들이를 하니 새집으로 갔어야 하는데, 거리상 갈 수 없는 사람도 있다. 집에 치매 환자가 있어 장시간 외출하는 것이 어려운 경우다. 그 사람 말이 "앞으로 우리가 다섯 번이나 만날 수 있을까?" 한다. 다섯 번은 생일 위주로 매년 만남을 해왔는데, 올해는 내가 깜박 잊어 생일이 지난 후에 연락을 했다. 무엇이 그리 바빴을까?

우리 모임 사람들은 나에게 가장 고마운 사람들이다. 남편이 돌아가셨다는 소식을 듣고 제일 먼저 달려온 사람들도 바로 이들이다. 함께 모여 어디를 가다가 날벼락 같은 소식을 듣고 깜짝 놀라 방향을 바꾸어 왔던 고마운 모임. 그런 사람들이 앞으로 다섯 번이나 만나게 될까? 하는 말에 눈물이 핑 돌았다. 이 모임 중에는 내가 제일 막내다. 제일 윗분은 10년이나 위로 알고 지낸 세월이 길기에 각자 살아온 길을 모두 이해하고 위로하며 지내 온 사이다. 세월의 풍파를 내색하지 않고 묵묵히 살아온 큰 나무와 같은 작가가 있다. 누구나 한 번쯤 큰 시련을 겪었지만, 우리 중 한 사람이 말했다. "우리는 다 행복한 사람들만 모였다." 나는 그 말에 공감했다. 살아온 시간을 되돌아보니, 내일 일은 아무도 모른다는 결론에 이르렀다. 그러니 의미를 부여한 만남의 인연을, 뒤로 미루지 말고 계속 만나자는 말에 찡하게 울림이 왔다.

청계천의 물은 유유히 흐르고 있다. 한 점 먼지에 불과한 존재지만 숨 쉬는 동안 즐겁게, 기쁘게만 살아도 짧은 시간이다. 그러나 마냥 젊은 것처럼 오늘을 사는 나를 돌아보며 혹시라도 탐진치(貪盡痴)의 노예로 오늘을 맞이한 것은 아닌지 돌아보는 시간이 되었다.

한 장의 엽서로
맺은 인연

책갈피에 끼어있던 한 장의 엽서가 인연이 되었다. 수많은 사람이 단체모임에서 스쳐 지나갔다. 우리가 살아가는 화엄장세계를 잘 묘사한 책, 『우담바라』를 쓴 남지심 작가님과의 인연은 그렇게 시작되었다. 작가님은 올해 팔순인데도 활발하게 집필 활동을 하고 계신다. 올해도 몇 권의 책을 마무리했다고 한다. 잘 알려진 『우담바라』가 출간된 지 35년이 되어 기념으로 다시 세상에 내놓는다고 한다. 17년 전 인터뷰한 모습을 유튜브에서 우연히 보았는데, 젊은 선생님의 모습이 아름다웠다. 지금도 우아한 모습으로 고우시지만, 그때는 더 젊고 아름다웠다. 세상을 넓게 보는 안목으로 진행하는 모습을 보고 반가워 바로 전화를 드렸다. 시간의 흐름은 겉모습에 변화를 주었지만, 그분이 갖고 계신 정신세계는 여전히 반듯하게 이어지는 것을 볼 수 있다. 예술가이기에 그럴까? 문학이란 장르의 창조물은 영원히 남아 있을 것이다. 항상 평온한 모습의 선생님, 주위가 시끄러워도 동요됨이 없는 묵직하고 진지하신 성품이다. 공부 모임에서 가까이 만남을 이어가는 나는 선생님을 뵐 때마다 지나간 시간을 돌아보게 된다.

만남도 유효기간이 있다고 생각한다. 살아와 보니 그렇다. 인연 따라 만나고 헤어지는 사람들이 얼마나 많았는가. 지금 만남의 사람들은 얼마만큼 만날 수 있을지 항상 반갑게 대하자는 생각을 하게 되었다. 반 컵의 물을 보았을 때 '반 컵이나' 혹은 '반 컵밖에'라고 다르게 인식하는 것은 인간의 본성일지 모른다. 얼굴에 주름은 있어도 마음은 소녀 같은 생각을 하며 사는 나를 돌아본다. 누구를 어디서 만나든 모든 만남은 귀하고 소중하다. 반갑게, 기쁘게, 배려하며 오늘이 내 생애 마지막 날이라는 생각으로 대하면 후회 없는 만남이 되겠지. 그렇게 믿는다.

만나면서
정이 든다

　삼 년 전 가을, 코로나가 시작될 무렵이었다. 한번 말한 것을 지키려고 '명상원 향래가'라는 간판을 걸었다. 나만의 기쁨을 함께 나누기 위해 시작했고 만남이란 시간 속에 정이 들었다. 그 사이 두 사람이 다녀갔다. 한 사람은 돌아가셨고, 한 사람은 치매 증세가 있다. 다른 두 사람은 여전히 건강한 모습으로 일주일에 한 번 즐거운 시간을 만들어 간다. 좋은 계절 가을이다. 창밖에는 곱게 물든 단풍이 있다. 숲속의 평온한 집, 앞에는 단풍나무가 뒤에는 노란 옷을 입은 은행나무가 절정을 이루고 있다. 명상하는 요일인 오늘, 11월의 첫 번째 요일이다. 지나치기에는 아쉬워 명상 후 산책하면서

임순덕

아름다운 순간이 될 사진을 찍어 드렸다.

하루라는 시간을 함께 먹고 이야기하고 명상하고 산책한다. 이렇게 하루를 마무리하는 시간이 우리가 살아가는 과정에서 얼마나 필요한가는 직접 경험해 보아야 안다. 언제가 되든 자기를 바로 보는 시간을 갖는다는 것은 행복 중의 행복한 시간이다. 혼자보다 더불어 함께하는 시간, 공간, 마음, 순간의 어울림이다. 이런 시간을 지어감으로 하여 무엇인가 기다리는 기쁨이 생긴다. 비움일까 채움일까? 비울 수도 있고 채울 수도 있다. 무엇을 비우고 무엇을 채우는가? 텅 비운 뒤에는 가득 채울 수도 있다. 우리 나이에는 평온함이 첫 번째다. 그러기에 평온함에 집중하도록 한다. 가랑비에 옷 젖듯이 무엇을 위해 열심히 사는지 자기를 돌아보는 명상의 시간이 좋다고 하니, 나는 더 기쁜 날이 된다.

각자 한 가지씩 반찬을 들고 와 점심을 먹고 오후에는 간식시간도 있다. 먹는 데서 정이 든다고 그런 일들이 자연스러운 일상이 되었다. 한 사람은 오늘 명상하러 가는 날 아니냐며 남편이 챙겨준다고 한다. 이 아름다운 가을 풍경이 다음 주에는 언제 무슨 일이 있었냐는 듯 잎들이 사르르 떨어져 없어질 것 같다. 오늘도 영하 1도까지 내려간다는 일기예보가 있어 마당에 있는 화분들을 집 안으로 들여놓아야 한다. 자연은 스승이다. 나로 하여 인연 닿는 모든 사람에게 좋은 말, 사랑스러운 눈빛과 마음으로 대하려고 노력하자. 분별없는 참 지혜로 하루하루를 감사하며 생활하자.

관심이
고맙다

삼남매가 각자 집을 떠나있다가 돌아오는 날이다. 우연히 날짜가 맞아떨어졌다. 어미인 내게 보여주는 삼남매의 관심이 고맙다. 멀리 10여 일 이상 출장 갔다가 돌아오는 날이다. 아침에 아이들 생각을 했는데, 이른 아침 카톡이 들어왔다.

"공항 가는 길, 태국 방콕의 하늘"

"와~~"

"방콕은 한국과 두 시간 차이. 오늘 귀국해요. 주말 잘 보내세요."

"고생했네요, 기쁨으로 승화해 돌아오는 날! 나도 아침에 생각했지요. 장남 돌아오는 날이라고요."

큰아들에게 온 하늘 사진을 받으니 그보다 좋은 일이 없는 듯싶다. 출장 가 있는 사이 몇 번의 안부를 카톡으로 주고받았다. 혼자 있는 엄마를 생각하는 그 마음이 고마워 때론 눈시울을 적신다. 나와 큰아들과 비슷한 점은 파란 하늘을 좋아하는 것이다. 출장을 자주 가는 아들은 어느 나라를 가든 하늘 사진을 찍어 보내준다. 그 마음이 기특하고 고맙다. 중년의 사회인이지만 나에게는 그저 아들이다. 이다음에 나이 들면 하늘이 맑은 곳에서 살겠다고 한 아들이다. 서로 생각하는 엄마와 아들의 이심전심일까? 막내아들도 가족들과 해외로 휴가를 갔다가 오는 날이다. 공교롭게 같은 날 돌아왔다.

"별일 없으셨어요?"

전화가 왔다. 무사히 잘 다녀와 집이라고 하면서 걸려 온 전화다. 딸 가족은 부산에 혼자 계시는 시어머니 뵈러 내려갔다가 오늘 올라온다며 해운대 앞에서 찍은 손자 사진을 보내왔다. 가족이란 이렇게 관심 속에 살아가는 것 같다. 삼남매가 모두 오손도손 잘살고 있다.

고맙다. 나만 건강하게 하고 싶은 일 하면서 잘 지내면 된다. 때론 혼자 사는 생활이 적적할 때도 있지만 혼자라 자유롭기도 하다. 날씨가 싸늘하다. 운동 삼아 걸어서 사우나를 가려고 준비했다. 30여 분 거리에 있어서 버스를 이용해 한 번에 가면 좋은데, 또 한 번 갈아타야 하기에 운동 삼아 걸어 다닌다. 그동안 코로나로 자주 가지 못했는데 쌀쌀한 날씨가 되니, 자주 다니려고 한다. 요즘은 아파트 단지 내에 대중 사우나 시설이 편리하게 되어 있어 이사 가기 싫다는 사람도 있다. 수영장 시설이나 다른 스포츠 시설도 있으니 생활하기에 참 좋은 환경이다.

나에게 좋은 환경은 자연이 가까이 있는 것이다. 파란 하늘이 좋아 사진을 찍는다. 삼십여 분 거리를 중간쯤 걸어가면 젊은 부부가 하는 과일 가게가 있다. 걷다가 과일을 조금 사 배낭에 넣어 사우나를 갔다. 집에 돌아갈 때는 버스를 타고 가려는 마음이었다. 그러나 사우나를 하고 나와서는 또 걸었다. 무거운 과일을 메고 30여 분 거리를 걸었는데, 이유는 과일 가게 사진을 찍기 위해서였다. 젊음이 재산이다. 사우나에 갈 때는 아내에게 과일을 샀는데, 저녁 시간이라 아내는 집으로 들어간 모양이다. 무엇이든 성실하게 열심히 정직하게 노력하는 젊은 사람들 물건을 사주고 싶었다. 어깨에 배낭을 메고 돌아올 때 조금은 무거웠지만, 발걸음은 가벼웠다.

오후 4시 해 질 무렵, 빛에 반사되어 보이는 단풍은 황홀하게 아름다웠다.

손녀의 글

할머니께서 두 번째 종이책 (전자책 포함해서는 세 번째)을 출간하신다고 들었다. 할머니의 일기를 모은 책이라고 한다. 책 출간을 응원하며 나도 일기에 관한 짧은 글을 쓰게 되었다.

할머니의 첫째 손녀인 나는 16살, 중 3이다. 나는 5살부터 7살까지는 그림일기, 8살부터 13살까지는 줄글 일기를 써왔다. 초등학교 때는 학교 숙제로 썼고 내가 쓰고 싶어서 일기를 쓴 건 14살 때부터다. 초등학교에서 중학교 올라갈 때 다이어리를 선물 받은 게 일기를 쓰기 시작한 계기였다. 한번 써볼까? 해서 그림도 그리고 스티커도 붙이면서 쓰기 시작했다. 이때의 일기는

'하루 일과의 기록'이었다. 매일매일 쓰다 보니 어느덧 중학교 1학년을 마치고 중학교 2학년이 되었다.

중학교 2학년 때부터는 그냥 줄 공책에 썼다. 2학년 때부터 학교에서 시험을 봐서 1학년 때처럼 일기를 매일매일 쓰지는 않았다. 시험 기간에는 공부하느라 3주씩 안 쓰기도 했다. 그러던 중 2학기 기말고사를 보게 되었다. 2학기 기말고사는 내게 매우 힘들었던 기억이다. 성적이 계속 오르고 있어서 더 잘해야 한다는 부담감 때문인지 공부가 더 안 되었다. 책에 적힌 글자가 움직이고 글도 읽히지 않고. 정말 어려웠다. 이때 쓴 일기에는 그때의 불안했던 감정, 힘듦이 담겨 있다. 그리고 시험이 끝난 후 나의 감정까지. 이때 일기를 볼 때는 감정에 빠져 중요한 현실을 잊지 말자고 생각한다.

이렇게 일기는 하루 일과의 기록에서 내 생각을 담아두는 '일기장'이 되었다. 일기를 쓰면 그날의 나를 담아 둘 수 있다. 그리고 나중에 다시 꺼내 볼 수도 있다. 지난 일기를 보며 느끼는 것은 그때는 깨닫지 못했지만 지금 보면 그 순간이 너무나 아름다웠다는 것. 반복되는 일상이 지겨웠던 그때, 지금 봐야 그 반복되는 일상이 소중하고 행복했단 걸 알게 된다.

이 글을 읽고 있는 독자분들에게 말씀드리고 싶은 건 이거 하나다. 하루가 무료하고, 감정이 뒤죽박죽이고, 오늘 이 순간을 마음에 담아두고 싶다면 일기를 써보셨으면 한다. 일기가 해야 하는 일이 가득한 삶에 휴식이 되어 줄 거라 생각한다.

가파도 나들이

　우리나라 최남단 가파도에 간다. 가파도는 제주도 서귀포에 속한다. 설렌다. 바다가 좋다. 여기 바다는 처음 만나는, 나의 님이다. 코발트색 파란 하늘 너무 아름답다. 바다와 하늘이 맞닿은 풍경을 바라보며 나는 마냥 감탄한다. 가파도행 배에 올라 15분 후에 도착했다. 3백여 명이 이곳에 도착해 걷는 사람, 자전거를 빌려 타는 사람 등등 다양하다. 단체 관광을 온 사람들에게 인솔자가 1시간 후에 오도록 안내한다. 우리는 자유인이다. 승선하기 전까지 여유 시간이 3시간이다. 물론 더 머물 수도 있었다. 코발트빛 하늘도 여기에서 처음 본 것 같다. 가파도 섬을 임처럼 품고 걷는 이 순간은 행복 그 자체다. 우리 삼대는 10살인 손자와 40대인 딸과 60대인 나다. 감탄사를 연속하며 사진도 찍고 3시간의 여유를 갖고 즐겼다. 맑고 청명해 눈이 부시다.

파도가 하얗게 부서진, 하얀 꽃들은 정말 아름답다. 누가 설레는 이곳의 임을 만나도록 연결했는가? 감사~ 감사~ 3시간이란 만남의 시간은 가슴 깊이 남을, 아름다운 나의 임이 되었다. 이 길을 걷고 있는 이 순간, 바라보는 것에서 영원히 멈추지 않았으면 좋겠다. 바라보고, 듣고, 느끼는 이 감정의 순간들이 소중한 나의 임이 되었다. 사랑할 것이다. 하늘 아래 이곳, 이 순간, 그대를 짝사랑하며. 웃음꽃 피는 이야기로, 우리는 그대에게서 눈을 떼지 못하고 행복해한다. 나의 임이 되어 행복한 이 순간을, 영원히 간직하고 싶은 아름다운 이 추억.

우리나라 최남단 가파도에서 삼대가 기쁨 가득한 날

5부

남걀 사원에서 달라이라마를 친견하다

남걀 사원에서 달라이라마를 친견하다

건강한 정신과 건강한 몸으로 숨 쉬고 살아가는 동안 할 수 있는 일을 얼마나 하면서 살 수 있을까, 나에게는 평화롭게 평온한 마음으로 기쁘게, 선하게 살자는 목표가 있다. 더 이상 바랄 것이 없으면 행복이라고 생각한다. 바라는 것 없이 기쁘게 살아가려고 노력하는 게 일상이며 정진이다. 우연히 했던 약속을 지키기 위해 인도 성지순례에 동참하게 되었다. 여성개발원 고문으로 계시는 혜총 큰스님께서 여성개발원에 오셔서 수계를 해 주셨다. 그 이후 차담 시간이었는데, 스님께서 손을 내밀며 내게 물으셨다.

"인도 갈 거죠?"

나는 얼떨결에 "네." 하고 대답하고 말았다. 그 말을, 감사하게도 그 말을 지킬 수 있게 되었다. 예전에도 달라이라마 존자를 친견할 기회가 여러 번 있었는데 동참하지 못했다. 이번에는 꼭 친견했으면 하는 막연한 기대를 하며 여행을 준비했다.

8대 성지순례에는 룸비니가 포함되어 있었다. 그런데 룸비니에 가려면 코로나 검사를 해야 하고 거기서 한 사람이라도 양성 판정이 나오면 그 사람만 두고 순례할 수 없기에 검사를 해야 하는 곳은 가지 않기로 계획이 바뀌었다. 6대 성지를 순례하고 다람살라에 계시는 달라이라마 존자를 뵙기로 했다. 그러기까지 오랜 도반이 부산을 오르내리며 친견 기회를 만들기 위해 애썼다. 각 나라를 다니며 NGO 활동을 한 노인자 다문화가족 단장이 인연 닿은 스님께 연락해 존자님을 친견할 수 있는 인연을 만든 것이었다. 순례자 32명은 불보살님의 가피로 다람살라의 정치 지도자이시며, 정신적 스승, 포교의 대왕이신 달라이라마 존자를 친견하기로 했다. 올해 88세의 존자님을 뵐 수 있다니, 기대감에 부풀었다.

인천공항에서 만난 우리는 단체 사진을 찍고 델리행 비행기를 탔다. 인도는 우리나라보다 3시간 30분이 늦다고 한다. 델리 공항에 무사히 도착했다. 짐을 찾아 에스컬레이터를 올라가는데 하마터면 이태원 압사 사고와 같은 일이 벌어질 뻔했다. 인구 14억의 인도 델리 공항, 사람 속에 밀려 올라가는 중 짐이 한 개 떨어지는 바람에 에스컬레이터가 턱에 걸려 밀리는 일이 벌어진 것이다. 나는 먼저 올라가는 에스컬레이터에서 아래를 내려다보며 소리를 질렀다. 천천히 간격을 두고 올라오라고 아무리 말해도 기계가 멈춰야만 하는 일이었다. 마침 젊은 학생 세 명과 교수님이 순례에 동참하고 있었는데, 서울대 종교학과 대학원생인 그 학생이 비상멈춤 버튼을 찾아 눌러서 큰 화를 면할 수 있었다. 지혜로운 학생 덕분에 큰 사고를 막을 수 있어 감사하게 생각한다.

델리에서 암리차르행 비행기를 또 타고 늦은 시간 호텔에 도착했다. 다음 날 아침 공양을 하고 다람살라로 이동하는 데 시간이 꽤 오래 걸렸다. 면적이 넓은 나라이기에 버스로 움직이는 데 하루를 거의 다 보냈다. 차가 밀려 달라이라마 여름 궁전인 노블랑카는 가지 못하고 숙소로 갔다. 이틀이란 시간이 꽤 길게 느껴졌다. 다람살라 가는 길에 차창 밖으로 히말라야 설경이 가까이 보였다. 날씨는 맑고 쾌청했다. 다람살라의 노을처럼 아름답게 익어가는 순례자들의 모습, 2,600여 년 전 석가모니 부처님의 발자취를 찾아가는 소중한 인연들. 인도에서 두 번째 되는 날 마주한 노을은 참으로 아름다웠지만, 창문을 열지 못해 안에서 사진을 찍을 수밖에 없었다.

사흘째 되는 날, 드디어 존자님을 친견하는 날이다. 아침 7시, 호텔을 출발해 골목을 따라 걸었다. 골목 양쪽으로 여러 가지 물건을 즐비하게 쌓아 놓은 상점들이 가득했다. 20여 분을 걸어 달라이라마 궁전 사원인 남걀 사원에 도착했다. 이곳은 출입이 엄격하게 통제되는 곳이라 소지품과 휴대폰도 두고 들어가야 한다. 달라이라마 존자는 돈이나 권세가 있어도 쉽게 만날 수 없고 다만 깊은 인연이 닿아야만 친견할 수 있다고 한다. 우리는 몇 단계의 몸 검사를 거친 다음 안으로 들어갔다. 각 나라의 순례자들이 기다리고 있었고 우리의 순서는 가장 마지막이었다. 경건한 마음, 설레는 마음으로 차례를 기다렸다.

달라이라마는 '망망대해, 지혜의 바다, 지혜를 가진 자'라는 의미다. 드디어 존자를 마주하게 되었다. 나는 존자를 향해 공손하게 손을 내밀어 악수했다. 그 순간을 가까이에서 사진 찍어 주는 이가 있어 또한 고마웠다. 아침 8시에서 9시까지 한 시간 동안 이루어진 친견, 존자님을 가까이에서 뵙고 숨결을 느낄 수 있는 시간이었다. 하늘은 유독 푸르고 맑았으며 새들의 지저귐은 아름다운 노래로 들렸다.

지구상에 존재하는 수많은 사람 중, 정신적 지도자로 평화를 실천하는 존자님을 친견한 것은 큰 기쁨이었다. 내일 일은 아무도 모른다. 오늘 할 수 있는 일을 하며 나의 말과 행동이 일치하도록 정진해야지. 찰나의 생이지만 평화로운 숨결을 함께한 순간을 감사하며 기쁘고 선하게 살 것을 발원한다.

영축산에서

 영축산을 세 번째 밟는다. 감회가 깊다. 올 때마다 마음이 다름을 느낀다. 첫 번째 왔을 때는 30년 전이다. 그때는 큰아들이 중학교 2학년이었다. 그때 함께한 인연 가운데는 극락세계에 가신 분들이 많다. 당시에는 어디에서나 막내로 통했던 나였지만 세월이 흘러 변화가 생겼다. 인도 성지, 부처님의 발자취를 따라가는 곳은 비포장도로라 먼지가 풀풀 나는 고행길이었다. 두 번째는 10년 전에 다녀갔다. 서울에서 생수를 직접 준비하고 교자상을 준비해 한 가지씩 공양물을 준비했던 조계사 불교대학 42학번 도반들과 함께였다. 그들 모두 각각의 그릇만큼 주어진 환경 속에서 부처님께 감사하며 오늘도 정진 중일 것이다. 영축산은 주변 다섯 산 중에서 가장 높다고 한다. 다섯 산이 어디 어디를 말하는지 모르겠지만, 나의 기억에 생생하게 남아있는 곳은 역시 영축산이다. 이곳은 빔비사라 왕이 산 정상에 만들어준 여래향실에 부처님이 안거하시며 법화경을 설하신 곳이다. 아래쪽에는 아난과 가섭존자가 머물던 수행처도 있다. 새벽에 걸어 올라올 때 스치던 바람이 상큼했다.

30년 전 스님들과 함께 이 자리에서 참선했던 생각이 난다. 2,600여 년 전, 법화경을 설법하셨을 부처님의 숨결을 생각해 본다. 걸식으로 수행하신 부처님, 일불승(一佛乘) 구품연대(九品蓮臺) 연화장세계의 법화경을 설한 곳, 부처님께서 꽃 한 송이를 들어 보이자 마하가섭 존자가 빙그레 웃었다는 염화미소의 현장, 영산회상이다. 건너편 산에 있는 케이블카는 일본 일련정종 사찰로 연결된다고 스님께서 말씀하셨다.

혜총 스님은 이번에 22번째로 인도에 오셨다고 한

다. 80세가 넘었지만, 몸은 가볍고 어디에서나 싱글벙글 좋아하시는 스님의 모습이 천진불이시다.

영축산의 새벽 정기를 마시며 정성스럽게 기도를 마치고 내려오는 길에 순례자들을 만났다. 삼보일배를 하면서 올라오는 외국 스님도 있었다. 순례길 양쪽에는 걸인들이 자리를 잡고 앉아 있다. 장애가 있는 사람, 눈망울이 초롱초롱한 아기를 안고 구걸하는 젊은 엄마, 나이를 알 수 없는 크고 작은 아이들, 나는 인연 닿는 대로 주머니 사정에 따라 준비한 돈을 두 손으로 공손하게 전한다. 우리에게는 살기 위해 갖추어야 할 기본적인 조건들이 있다. 하지만 인도에서는 아직 머나먼 길인 것 같다. 30년 전에 비하면 많이 달라졌다고 하지만 여전히 순례객을 향해 사람들은 두 손을 벌리고 있다.

첫 법문지,
녹야원

금강경 설법지 기원정사. 새벽에 쉬라바스티에 있는 기원정사에 도착했다. 절터가 꽤 넓다. 옛 코살라국의 수도였던 사와티를 오늘날은 쉬라바스티라고 부른다. 코살라의 부호였던 수닷타 장자는 부처님의 설법을 듣고 감동하여 정사를 지어 부처님께 보시했다. 붉은 벽돌로 쌓은 향실과 많은 부속 건물 흔적들, 옆에는 아라한 보리수도 보존되어 있다. 우리는 향실을 시계방향으로 한 바퀴를 돌았다. 부처님이 법을 설하신 45년 중 21년간 머물면서 아함경, 반야경, 금강경, 법화경, 화엄경을 설하신 곳. 그중에서도 반야경 600권 중 577번째로 금강경을 설하신 곳이다. 이 성스러운 곳에서 우리만의 시간을 가졌다. 스님의 집전으로 정성껏 예불을 올렸다. 부처님께서 금강경을 설법하신 자리에서 우리는 간절한 마음으로 진정한 평화와 행복을 위한 기도를 했다.

녹야원은 바라나시 강 동북쪽에 있다. 여래께서 정각을 이루고 다섯 비구에게 처음 법을 설한 곳이다. 2,600여 년 전, 푸른 벌판에 사슴이 뛰어놀던 이곳, 지금도 사슴은 이곳에 살고 있다. 비록 울타리 안에 갇혀 있긴 하지만.

부처님께서 "중도(中道)의 가르침"을 크게 선언하신 장소에 발을 디뎠다. 왕궁의 부귀영화를 모두 버리고 출가하여 6년 고행으로 보드가야 보리수 아래에서 인류의 최고 진리를 깨달아 붓다(佛)가 되신 부처님.

"비구들이여, 세상에 두변(二邊)이 있으니 수행자는 가까이하지 말지니라."

부처님은 중도(中道), 사성제(四聖諦), 팔정도(八正道),

연기법(緣起法)을 설하시면서 저속하고 무의미한 고행에 몰두하는 삶, 양극단의 삶을 피하라며 보리수 아래에서 깨달은 대진리를 선언하셨다. 이때부터 진리의 수레바퀴가 굴러 곳곳마다 밝은 빛이 퍼져나가게 되었다. 세계의 많은 사람이 부처님 성지를 순례한다. 과거에도 그랬고 현재도 그렇고 미래에도 그럴 것이다.

초전법륜지에서 우리 글, 한글을 발견했다. 이곳에는 부처님께서 처음 설법한 내용을 각 나라 언어로 새겨 놓은 곳이 있는데, 우리 한글도 있어서 무척이나 반가웠다. 녹야원에 최초의 부처님 가르침을 한글로 새긴 불사를 하신 분이 우리와 함께 한 혜총 큰 스님이라고 한다. 우리는 환희심에 가득 차 스님께 박수로 칭송해 드리고 공경을 표했다.

이 시간, 부처님의 발자취를 따라 함께 순례할 수 있다는 기쁨 속에서 올바른 가치관으로 바르게 보고 느끼고 사유하길 다짐한다. 바른 행이 부족한 나, 초전법륜지에 발을 내딛는 순간, 겸손해야 함을 깨닫는다. 더불어 환희심이 넘쳐난다. 세계는 한 가족이라는 생각을 하며 마음을 어떻게 표현할까 고민도 해 본다. 우리의 마음은 곧 행동으로 나타난다고 했으니, 마음을 보이는 길은 행을 실천하는 것이다. 자리이타를 실천해야 하는 나, 이번 순례를 통해 나를 돌아볼 수 있는 기회가 주어져 감사한다. 다름을 포용하는 관대함과 지혜를 갖추고 스스로 번뇌의 고(苦)를 만들지 말자고 다짐한다.

혜총 큰스님

계향(戒香) 정향(定香) 혜향(慧香) 해탈향(解脫香) 해탈지견향(解脫知見香) 광명운대(光明雲臺) 주변법계(周邊法界) 공양시방(供養十方) 무량불법승(無量佛法僧)

헌향 진언(獻香眞言)

옴 바라 도비야 훔(세 번)

지심귀명례(至心歸命禮) 삼계도사(三界導師) 사생자부(四生慈父) 시아본사(是我本師) 석가모니불(釋迦牟尼佛)…….

가는 곳곳마다 예불을 올리고 입정을 했다. 이곳, 이 자리 부처님께서 머물던 흔적을 생각해 본다. 태란습화(胎卵濕化) 사생의 자부이시다. 모든 생명이 금강같이 단단한 정신으로 살기를 고구정녕 원했을 것이다. 그곳, 이 순간, 평화로운 숨결을 함께하고 있었다.

우리는 목탁에 맞추어 정성스레 예불을 마쳤다. 스님께서는 감회가 깊어 눈물을 보이셨다. 우리도 눈물을 흘렸다. 비구니 스님께 처음으로 금강경을 선물 받고 독송하게 된 것을 인연으로 부처님 가르침은 내가 살아오는 데 큰 힘이 되었다. 뇌는 삶의 경험이 좌우하는 것이다. 사구게 중 응무소주이생기심(應無所住而生其心),

"머무는 바 없이 행하라!"

하는 말씀을 좌우명으로 삼아 정진 중이다. 진리를 실천하는 마음은 경험한 사람만 느낄 수 있는, 행복이 충만한 귀한 선물이라고 생각한다. 정성스럽게 예불에 동참하다 보니 사진은 찍지 못했다. 예불을 마친 후 동영상은 찍어 놓은 것이 있어 유튜브로 만들 예정이다. 예불을 마치고 돌아보니 순례객들이 줄지어 서 있었다. 원래는 향실 위에 단까지 올라갈 수 없는데, 우리는 일찍 도착해 우리만의 평화로운 시간을 가질 수 있었다. 사람들을 위해 바삐 예불단에서 내려왔다.

낮과 밤이 공존하는 우주 법계의 세계(일체유심조), '둥글고 또한 밝은 빛은 우주를 싸고 고르고 다시 넓은 덕은 만물을 길러 억만 겁토록 변함없는 부처님 전에 한마음 함께 기울여서 찬양합니다.' 동행한 여성개발원 합창단의 노래와 함께 우리의 목소리가 울려 퍼졌다. 밝은 존재를 망각하면 무명이다. 알지 못하는 죄만큼 큰 것이 없다. 각각 근기가 다를 뿐 일체중생은 다 여래와 똑같은 본래 마음이다. 공(空), 무아(無我)를 이해하면서 정견으로 열심히 정진하길 발원해 본다. 놓을 것도, 잡을 것도 없는, 무념무상(無念無想)으로 바람 없이 오늘을 기쁘게 살자.

기원정사 내에 외국인 수행자들이 좌선을 하고 있

다. 올바른 삶의 가치를 추구하며, 보현보살행을 실천하는 여성개발원 우바이님들에게 박수를 보낸다. 마음- 마음- 마음- 더 빛나는 자성으로 평화로운 숨결, 자성불이 되길 서원합니다.

인도 순례 마지막 날

바라나시로 이동하여 새벽의 갠지스강가를 걸었다. 갠지스강물은 유유히 흐른다. 우리는 새벽안개 자욱한 강가를 걷고 배를 타고, 연꽃을 띄워 하늘 아래 모든 사람이 평화롭기를 두 손 모아 기원했다.

그동안 들렀던 곳을 사진과 더불어 마무리하려고 한다. 인도 하늘 아래서 우리 일행은 평화로운 시간을 보냈다.

2월 보름날 밤, 부처님은 적정 무여열반에 드셨다. 쿠시나가르 사라쌍수 아래에서 열반하신 부처님의 열반상을 모신 열반당은 1876년 영국의 고고학자 코레일에 의해 복원된 것이라 한다. 부처님의 열반게는 '제행

무상(諸行無常) 제법무아(諸法無我) 자등명 법등명(自燈明 法燈明)!'이다. 방일하지 말고 해야 할 바를 모두 성취하라. 이것이 여래의 마지막 유훈이었다.

세계 최고의 대학, 불교 최고의 대학 나란다 대학에 들렀다. 이곳은 12세기 회교도들이 침략하여 파괴할 때까지 전 아시아의 불교 연구의 중심지였다. 인도 각지는 물론 한국, 중국, 일본, 몽고, 스리랑카 등 각국에서 온 약 만여 명의 학생들과 승려들이 기거했다고 한다. 현장, 의정은 물론이고 『왕오천축국전』을 지으신 우리의 혜초 스님께서도 이곳에서 수학하셨다. 대학 터가 엄청 넓은 것을 보며 도시 하나 정도가 되지 않았을까 싶었다. 지금도 하루 방문자 수가 일만 명이 넘는다고 한다. 교복 입은 학생들이 줄지어 들어간다. 아마도 수학여행이나 현장학습일 것 같다.

인도의
기차 여행

    침대 열차를 타고 파탄콧역에서 툰트라역까지 무려 17시간을 이동했다. 이런 열차를 탄 것도 아름다운 추억이 되었다. 객실에는 이층 침대가 있고 한 칸에 네 명씩 탈 수 있었다. 말이 침대칸이지 우리가 생각하는 편안하고 푹신한 침대와는 거리가 멀다. 그렇다고 해도 그 지역에서는 중산층 이상이 타고 다니는 교통수단이라고 한다. 여행객의 가방을 옮겨주는 사람들, 노동의 현장이다. 인도를 가면 반드시 열차를 타 보아야 한다는 이야기를 많이 들었고 이번에 경험도 했다. 조금은 불편한 부분도 있었지만 17시간의 긴 시간이 지루한 줄 몰랐다. 저녁이라 잠자는 시간이 많기도 했지만 좋은 추억을 만들었다. 언제 이런 시간을 또 갖겠는가, 건강하기에 가능한 긴 시간의 순례를 잘 마무리할 수 있었다.

*한국 음식을 만들어 준 주방장

순례 중 한국 음식을 준비해 준 요리사가 있다. 이 친구는 처음 한국 음식을 준비해서 만난 날, 정확한 한국어로 인사했다.

"보살님 맛있게 드세요."

그 말이 너무 정겨웠다. 한국말을 잘했다. 우리가 무사히 돌아올 수 있도록 안내해 준 가이드님과 요리를 담당한 친구와 버스를 운전해 며칠 함께한 친구들에게 모두 감사함을 표한다. 아름다운 추억을 안고 돌아오는 마음이 내내 즐거웠다. 이곳저곳의 풍경 사진을 정리하는 것으로 마음도 정리한다. 두 손 모아 늘 웃음 가득한 얼굴로 평화로운 시간을 함께하신 큰스님과 도반님들에게 감사 인사를 드린다.

회향의 시간, 김선옥 원장님이 낭송한 시를 한 번 더 음미해 본다.

어우렁더우렁

_한용운

와서는 가고 / 입고는 벗고 / 잡으면 놓아야 할 / 윤회의 소풍 길에
우린 어이타 / 인연 되었을꼬.
봄날의 영화 / 꿈인 듯 접고 / 너도 가고 / 나도 가야 할 그 뻔한 길 / 왜 왔나 싶어도 / 그래도 / 아니 왔다면/ 후회했겠지…
노다지처럼 / 널린 사랑 / 때문에 웃고 / 가시처럼 주렁한 / 미움 때문에 울어도
그래도 그 소풍 아니면 / 우리 어이 인연 맺어졌으랴 한세상 살다 갈 소풍 길 / 원 없이 울고 웃다가 / 말똥 밭에 굴러도
이승이 낫단 말 / 빈말 안 되게… / 어우렁더우렁 / 그렇게 살다 가보자

두 손을 모으고

교만하지 않고, 겸손하길 이 아침 두 손 모읍니다.

현관문이 열리지 않아 힘들게 밀어 열고 보니, 장애인들이 휠체어를 타고 우리 집 현관문 앞에 줄지어 있었다. 소스라치게 놀라 잠에서 깨어났다. 겸손하게 나를 돌아본다. 무슨 꿈일까? 나는 평상시에 꿈을 잘 꾸지 않아 깊은 잠에서 깨었을 때 이상한 기분이 들었다.

봄 처녀 되어 올해 처음으로 어린 쑥을 뜯어 왔다. 명상하는 날 쑥국을 끓여 점심을 내고 싶었다. 감사하게도 주위에 쑥을 뜯을 수 있는 곳이 있다. 텃밭 가는 길목에서 어린 새순을 뜯으며 봄 처녀 제 오시네, 노래도 읊조려 보았다. 자유로운 시간이다. 내가 하고 싶은 일을 마음 내어 할 수 있어 기쁘다. 멀리 구례, 광양에 나들이 간 도반이 산수유를 찍어 카톡으로 여러 장 보내왔다.

지금 내가 걷고 있는 아파트 화단에도 산수유가 곱게 피어 나를 반긴다. 경기도 광주 태재고개, 이곳은 분당보다 온도가 2도 정도 낮은데 이곳에도 산수유가 피어있어 반가웠다. 노란 산수유는 제일 먼저 봄을 알려준다. 신비롭다. 송이송이 맺혀있는 꽃송이, 산수유와 민들레를 처음으로 관심 있게 보는 봄, 쑥은 어떤가. 덤불 사이에서 자란 쑥이 제법 크다.

한낮에는 햇빛을 보기 위해 나갔다. 봄 햇살이 그리웠다. 밝은 날이 아니고 흐린 날이지만 그런대로 기분은 괜찮았다. 이런 자유로운 시간을 보낼 수 있다는 것이 또 감사하다. 그러다 꿈 생각을 했다. 어째서 그런 꿈을 꾸었을까? 나의 자유로움이 누군가의 마음을 불편하게 한 적이 있는 걸까? 제한된 사람들만 보는 공간, 대중성은 없는 이 공간에 내가 쓰는 글이 누구에게 가슴 아픈 일이 되지 않기를 바란다. 겸손해지자. 그리고 눈도, 귀도, 입도 조심하자. 사유하며 온 우주를 머금고 고요한 시간을 갖자.

인도 다람살라 남걀사원에서
달라이라마 존자 친견